APLÍCATE EL CUENTO

TÉCNICAS DE *STORYTELLING* PARA PRESENTACIONES PERSUASIVAS

IVAN CARNICERO

ÍNDICE

Probablemente pienses que esto del *storytelling* es una de estas palabras en inglés que llega para irse, como cualquier otra moda pasajera.

Quizás leas esto con suspicacia al no saber si reposan en tus manos más de 100 páginas de humo.

Entiendo que pienses así porque opinaba exactamente igual cuando empecé a oír hablar de *storytelling*. Pensé que sería una nueva tendencia, de esas que atraen la atención de los departamentos de recursos humanos ávidos por encontrar renovados enfoques para sus cursos de habilidades.

Quienes llevamos años en el ámbito de la formación en la empresa hemos visto emerger de pronto palabras estrella (*e-learning*, *blended*, *coaching*, *ad hoc*, *PNL*, *mentoring* o *gamificación*) acuñadas como etiqueta de "Nueva receta" que facilita vender más patatas fritas. Y cabe decir que, la mayoría de veces, siguen siendo las patatas fritas de siempre, pero con la posibilidad de ampliar el margen comercial.

¿Sería el *storytelling* solo una manera de darle la vuelta al denostado curso de "Presentaciones eficaces" de toda la vida? Porque reconozcamos que este es un curso para cogerle manía.

En mi carrera como profesor he pisado muchos centros de formación y como consultor de empresas he accedido a muchos planes de desarrollo, donde nunca falta el curso de presentaciones eficaces atascado en los 90.

No me extraña nada que los responsables de formación huyan de ese programa tan anticuado y repetido hasta la extenuación. Tampoco me hubiera extrañado nada que las comercializadoras de formación explotaran la etiqueta "Nueva receta con *storytelling*" para volver a venderlo.

Sin embargo, me equivoqué.

Cabe decir que, cuando empecé a investigar, aparentemente no existía mucha información en lengua española sobre este tema. Digo aparentemente porque al descubrir qué era realmente el *storytelling* comprendí que la información estuvo ahí siempre. Incluso en tus libros de Literatura o Historia del instituto, solo que no le poníamos esa etiqueta inglesa.

Cuando tus maestros te mandaban analizar las estructuras de los clásicos de la literatura, cuando te ilustraban con el uso de las historias mitológicas de dioses griegos o romanos, tú no lo sabías, pero estudiabas *storytelling*.

La traducción literal de *storytelling* es técnica narrativa o narrativa a secas. No suena tan atractiva ni tan *cool*, por eso algunos traducen *storytelling* como "el arte de contar historias", que es un poco más atractivo, pero sigue sin sonar *cool*.

Así que la última novedad en el mundo de la comunicación en la empresa, como de costumbre, pasaba por rescatar un conocimiento ancestral y cotidiano para lustrarlo hasta conseguir una herramienta innovadora.

Esto sucede porque la empresa se concebía totalmente racional hasta hace pocos años. Los instintos, las emociones y las relaciones quedaban fuera de la ecuación de la productividad. Cuando uno entraba a trabajar, aparcaba la persona que era para convertirse en un trabajador. Se esperaba que los problemas, los sentimientos, las ilusiones, las filias o las fobias de cada uno se quedaran en la máquina de fichar.

Afortunadamente, la psiquiatría cataloga la disociación persona-trabajador como un trastorno y Goleman reivindica en sus tratados que la inteligencia emocional es tan o más importante que la intelectual.

Hace años que empezó a resultar evidente que las relaciones con los compañeros, la motivación, la envidia, la competitividad, la autoestima, la frustración, la alegría y, en definitiva, las dinámicas de poder conforman una porción indisoluble del ámbito laboral. Negarse a verlas no conlleva que desaparezcan.

Imagino el milagro de la revelación en algunos empresarios cuando abrieron los ojos de par en par diciéndose: «entonces, si las emociones están ahí y afectan a mis resultados, ¡tengo que empezar a emplearlas estratégicamente para mejorar mis beneficios!».

La verdadera epifanía ocurrida durante las últimas décadas es que, empresarialmente, cuanto gobierna las vidas de las personas, sus emociones y sus relaciones sociales, puede aprovecharse para obtener un beneficio.

Aquí entra en juego el *storytelling*, uno de los engranajes fundamentales de la cultura humana y su necesidad socializadora, que solo ahora empieza a verse como una herramienta para alcanzar objetivos en la empresa.

El poder del *storytelling* es tan fuerte que ya lo has aplicado alguna vez y te ayudó a conseguir algo, aunque no lo sepas. Quizás aquella bicicleta que te regalaron tus padres tras una dramática historia de marginación social en tu pandilla o de infancias desdichadas que marcarían tu futuro.

Yo mismo, solo hoy soy capaz de fijarme en cuántas veces el *storytelling* me ha ayudado en la vida cuando ni siquiera sabía que existía.

1. TENGO UN PROBLEMA EN MI VIDA

Para muchos jóvenes universitarios encontrar un trabajo compatible con la carrera es una manera de sufragar los costes de los estudios y conquistar algo de independencia económica.

Yo no iba a ser menos.

Muchas de mis compañeras empezaban a estrenarse en el ámbito laboral con pequeños contratos de teleoperadoras.

En aquella época —te hablo de principios del 2000—, esta profesión no estaba tan profesionalizada. Es más, precisamente se buscaban perfiles de gente con disponibilidad para trabajar por salarios ajustadillos y flexibilidad horaria para fichar según la productividad. Los seleccionadores eran poco exigentes con la formación o experiencia de los candidatos, porque tampoco tenían mucho que ofrecer, tanto económicamente como en términos de desarrollo profesional. Así, el mundo de la atención al cliente en plena explosión de la telefonía móvil era un campo abonado para los estudiantes.

Con ilusión y candidez me lancé a participar en estos procesos de selección. La ilusión me duró poco, pero mantuve la candidez. ¡Con lo fácil que parecía, según me contaban mis amigas, y yo era incapaz de persuadir a ningún seleccionador para que me contratara!

Aún desconozco qué les disuadía de mi candidatura, pero cuanto más explicaba mi currículo, menos fe albergaba en él. Cuantas más entrevistas realizaba, más desanimado salía de ellas. Ya no sabía qué decir o cómo decirlo para que me contrataran.

Llegó entonces una oportunidad que no se me podía resistir: una formación para elegir a los agentes telefónicos de cita previa con las oficinas de la Hacienda pública. Tras el curso, los seleccionadores determinarían quién accedía al empleo que, como bien supones, era para unas pocas semanas.

Mi moral estaba tan baja que un sí, aunque fuera para un empleo fugaz, me hubiera hecho feliz.

En pleno curso, me llamaron de una academia de informática y, sin pensarlo, me planté allí para una entrevista: ofrecían un puesto de profesor de diseño.

Tenía mucha curiosidad, algo de formación y ninguna experiencia. Después de mi éxito en el mundo de los teleoperadores, ¿cómo iba alguien a contratarme para acarrear tal responsabilidad?

Al llegar a la entrevista me recibió la directora del centro de formación. Su presencia era marcada, de quien quiere que se note quién manda y que le gusta que se le oiga llegar con el toc, toc, toc de sus tacones altos, pasillo arriba y abajo.

Me invitó a sentarme frente a ella. Entre nosotros había una mesa de juntas ovalada situada en medio de la sala, a la que llamaban *La Pecera* por ser circular y transparente. Me dijo: «¿Ves cómo todo a mi alrededor es de cristal? Así lo veo todo».

Estaba por irme. Ante quien aparentaba ser una *tiburona* de los negocios, un pececillo de mi categoría se hundía.

Casi al inicio de la entrevista, llegó la pregunta mágica que había respondido tantas veces, la que me aburría a mí mismo: «Explícame tu *curriculum*, cuéntame algo de ti».

Ignoro aún por qué decidí virar de mi respuesta habitual. Tal vez fue el cansancio, o la escasa sensación de riesgo a perder algo imposible de por sí, o quién sabe si la tranquilidad de un puesto casi seguro en la campaña de la Renta del año 99. Si lo pienso, creo que ni siquiera lo decidí. Simplemente me salió así:

«Mira, yo tengo un problema en mi vida.

Por un lado tengo una vocación, que es la enseñanza. Me gusta desde pequeño. Se me da bien y estudio en la universidad para dedicarme a ello, precisamente.

Pero también tengo una pasión, que es el mundo del diseño. La comunicación visual me atrae muchísimo, siempre estoy investigando y creando y, por eso, verás en el currículo que también tengo formación en ese ámbito.

Mi problema es que no soy capaz de decidir si me decanto hacia un lado o hacia el otro. Si me voy al mundo de la docencia y me dedico a ser maestro o profesor, para lo que realmente sé que valgo y me satisface, o si me lanzo al mundo del diseño y comienzo a explotar mis cualidades en un trabajo que me apasiona.

Esta es mi oportunidad para no tener que escoger, es la oportunidad de unir mi vocación y mi pasión. Por eso creo que este es mi trabajo».

Años después, la misma directora —con quien aún trabajaba—, me confesó que todavía desconocía por qué me seleccionó si apenas le expliqué nada en aquella primera entrevista.

Con el tiempo veo que es cierto, no le conté gran cosa. En comparación con decenas de candidatos que ella misma habría entrevistado a lo largo de los años, seguramente apenas le di información o datos. Pero le ofrecí algo más potente: un mensaje con significado. Lejos de un listado de fechas y logros, y preguntas y respuestas más o menos predecibles e inconexas, mi entrevista era la verdadera historia de un candidato. Una historia donde la seleccionadora pasaba a ser parte implicada, quien decidiría el final.

En un exceso de vanidad podría decirte que tuve una inspiración fruto de mi talento, o que seguía una estrategia inteligente para conseguir el puesto. Sin embargo, ya te he adelantado que no sé siquiera por qué reaccioné así. De hecho, el discurso no salió de una improvisación genial, sino de una redacción que compuse poco antes para una profesora de inglés que, precisamente, nos propuso la misma cuestión que planteó la directora: *«Tell something about your life»*.

Supongo que mi cerebro hizo *clic* y empezó a reproducir la redacción. El caso es que me ayudó a ganar el puesto de trabajo. Durante los años siguientes, me pregunté a menudo: ¿qué tendría ese pequeño relato para aventajarme en la carrera hacia mi objetivo?

Ahora lo sé.

Tenía cuatro elementos que potencian la capacidad de persuasión de cualquier mensaje. Son los cuatro beneficios que tú también desearás para tus presentaciones cuando termine de contártelos.

ENTREVISTA	RESULTADO
AL USO	X
AL USO	X
AL USO	X
AL USO	X
STORYTELLING	✓!

Los beneficios clave del storytelling

1. Ser diferente

Ponte en la piel de un seleccionador de personal. Empiezas un proceso, por lo que defines un perfil. Cuanto mejor esté definido, más similares serán los candidatos a cubrir un eventual puesto. De manera que encuentras encima de la mesa un montón de currículos idénticos al llegar a la fase de las entrevistas.

Inicias el careo con los candidatos y todos te cuentan más o menos lo mismo: formaciones semejantes, conocimientos similares, experiencias parecidas. Tras varias entrevistas, cada vez es más complicado buscar diferencias significativas para decidirse.

Durante una etapa de mi carrera estuve vinculado a la formación para encontrar empleo. Mi labor era ayudar a personas en situación de paro a reinsertarse en el mundo laboral, y recuerdo cómo los tutores expertos en orientación profesional insistían en lo importante que era destacar respecto a otros candidatos. Darse visibilidad para ser recordados. Explicaban trucos sencillos: imprimir el currículo en hojas de color o unir los folios con una pinza para que incomodara en mitad de la pila de los currículos, pero era vital asegurarse de que quedara encima del resto de solicitudes, documentos y, por supuesto, otros aspirantes.

Lo importante era diferenciarse de la competencia para no ser uno más.

De ahí que el paralelismo con el *marketing* enseguida generase una nueva manera de ver la orientación laboral: *personal branding*. Más atractivo, más *cool*. Ya sabes.

Personal branding es considerar a la persona como una marca comercial y, como tal, debe ser creada, comunicada y protegida.

En *marketing* dicen que una decisión esencial en la estrategia de una marca es decidir cómo quieres que te vean respecto a tus rivales. Esto se llama posicionamiento ideal.

El cómo quieres que te vean ya implica que te vean en primer lugar. Y de eso se trata precisamente. Cuando no se diferencia de la competencia, la marca pasa inadvertida, no se recuerda, no crea vínculos o preferencias.

Cuando los clientes escogen una marca indiferenciada, como podría ser un bazar oriental, eligen por azar: «es el que me pilla más cerca», «ahora que me acuerdo», «ya que paso por aquí», etc. Lo mismo da ir a uno que a otro, porque todos son iguales. No son elegidos, son encontrados.

De vuelta a tu papel de seleccionador, estarás de acuerdo en que, si los candidatos no te dan motivos para diferenciarlos, acabarás por seleccionar aleatoriamente, no porque realmente sientas que hallaste a un elegido.

Así que, cuando me planté por primera vez ante quien sería mi jefa durante casi siete años y le sorprendí con ese relato, ya ofrecí algo diferente en lo que fijarse. Probablemente mi entrevista caló más en su memoria y se fijó más en mí, aunque sea porque le sorprendiera mi exposición.

¿No te gustaría que te ocurriera lo mismo en tus presentaciones?

Una de las resistencias que normalmente encontramos los ponentes, especialmente ante audiencias corporativas, es la sensación de que "esto es más de lo mismo".

Con sinceridad, reconoce que lo pensaste más de una vez al asistir a una presentación de trabajo.

Y quizá lo sintieras incluso como ponente, porque cuesta mucho motivarse a presentar en público algo que hasta para ti es repetitivo y monótono.

En la medida que reproducimos patrones predecibles o estructuras *requetesobadas*, lanzamos el mensaje que precisamente queremos evitar que piensen: «esto es más de lo mismo».

Nuestro cerebro está diseñado para percibir lo diferente, lo impredecible, porque ahí habitan las amenazas y las oportunidades. Lo que es predecible no ofrece nada nuevo, no activa las alertas de tu mente y tu cerebro tiende a despreciarlo e incluso a eliminarlo por completo.

Como cuando entras en una sala y de pronto te llama la atención un olor. Durante los primeros minutos sientes ese aroma, pero después desaparece. ¿Acaso quitaron el ambientador? No, tu cerebro decide dejar de registrar ese olor porque no le aporta nada nuevo.

Nuestro cerebro decide ignorar cosas que están ahí. Decide que ya no existen. Así de potente es nuestra mente.

¿Quieres dejar de existir para tu audiencia?

Entiende por tanto que, en cuanto ofrecemos algo nuevo o diferente, una "receta mejorada" que la competencia no posee, ya centras la atención en ti y en tu mensaje. Generas interés de manera natural.

Igual que mi directora no se esperaba que le contara mi dilema vital, una historia personal de tal calado, seguramente tu audiencia también se sorprenderá si te vales del *storytelling* en tu próxima presentación.

Pasarán entonces del «esto es más de lo mismo» al «a ver, a ver, ¿qué es esto?».

Y este es un recurso del que solo algunos privilegiados, como tú que te has interesado en este libro, dispondremos por poco tiempo. A medida que las técnicas de *storytelling* empiecen a emplearse a gran escala y pasen a ser un estándar, perderán su efecto diferenciador.

Ya pensaremos entonces qué ofrecer para despuntar respecto al resto, ahora es el momento de ponerte las pilas y aprovechar este recurso cuando todavía es un agente diferenciador súper potente.

2. Mantener la atención

¿Te ha sucedido alguna vez que estás viendo una película malísima —de tiburones que llueven del cielo comiéndose al primero que pillan por delante, por poner un caso—, pero te atrapa en contra de tu voluntad?

Sabes que es una pérdida de tiempo. Los actores son horribles o los efectos especiales dan risa. Los diálogos son incoherentes y las escenas terribles. Y, sin embargo, necesitas seguir mirando, saber dónde desemboca esa trama absurda, saber cómo acaba la tremenda cadena de despropósitos.

La magia de las historias es que, si siguen una mínima estructura te mantienen en vilo hasta el final, por muy malas que sean. Nadie se resiste a desvelar una incógnita una vez se engancha. Aunque tenga que padecer por el camino.

Nos pasa lo mismo con las series. Sea a fuerza de sufrir con impaciencia la espera de nuestra dosis del capítulo semanal o pegándose insanos maratones de diez horas frente a una pantalla diciéndonos «sólo uno más y paramos». Las historias son adictivas.

Una de las cosas más curiosas de aquella entrevista de trabajo es que ella no pestañeó mientras le contaba la historia que te resumía al principio.

No me interrumpió. No tomó notas. No dirigió su mirada al currículo. Simplemente escuchaba porque no podía evitar querer saber a dónde iba a parar cuanto le contaba.

Las historias generan una duda, una incógnita. Después, dejan pistas para que, como público, pruebes a despejarla y resolverla antes de llegar al final.

«Tengo un problema en mi vida» generó curiosidad en la mente de la directora y, más aún, provocó que tratara de diagnosticar qué me ocurría antes de que yo se lo contara. Mi dilema vital fue suficiente para que ella quisiera saber cómo resolverlo, si es que tenía solución.

Esa obsesión del cerebro por querer resolver es natural, primaria.

Todos los narradores profesionales de hoy en día (léase: novelistas, guionistas, publicistas, *copywriters*, críticos, evangelizadores, blogueros, articulistas, líderes de opinión, redactores, periodistas, tertulianos, divulgadores, educadores, *youtubers* o vendedores), absolutamente todos utilizan, consciente o inconscientemente, el impulso imperioso de resolver el entuerto, esa obcecación esencial del ser humano.

Eso es lo que hace la historia para cautivarte: genera una duda y te propone que la resuelvas a lo largo de cinco minutos o de 500 páginas.

Detecto en mis cursos que una de las mayores demandas de la gente que afronta habitualmente el reto de presentar en público es cómo mantener la atención.

A lo mejor tú también te lo preguntas.

La cosa es: ¿por qué me lo preguntas si ya lo sabes? ¿O nunca has actuado misteriosamente para captar el interés de un grupo en una cena, por ejemplo?

No sé si te habías percatado, pero casi todas las cosas interesantes que compartes con personas de tu entorno empiezan por fórmulas así: «¿a que no sabes a quién he visto esta mañana?», «¡qué fuerte! ¡De lo que me he enterado!» o «¡no te lo creerás!». Generas una duda, una curiosidad y partir de ahí, tiras millas.

Sé que ahora pensarás que hay personas con más arte que otras a la hora de explicar historias. Está quien maneja un preciso equilibrio entre el interés y la impaciencia, dosifica los detalles justos para seguir el relato sin desvelar el final y apuntala la narración de manera que la construyes como una película y la observas en tu mente. A este lo escuchamos embobados, totalmente concentrados y absortos.

Y también está quien nos aterra cuando toma la palabra, que se atasca o se pierde en divagaciones, que cuenta las cosas de manera desordenada y se le escapan detalles que estropean la historia desde el principio, que sintetiza tanto sus descripciones que nos falta información para comprender bien qué relata. Este nos saca de quicio y nos aburre, lo interrumpimos constantemente para ordenar lo que explica o aclarar lo que no entendemos, o le damos tiempo para que termine mientras perdemos la mirada en el horizonte y nos evadimos a un blanco mental que ni con el mejor ejercicio de meditación.

Todo y todas tenemos tendencia a explicar historias. Unos (probablemente lectores o cinéfilos o *storylovers* en general) desarrollaron sus habilidades para contar relatos redondos sin darse cuenta. Otros no.

Si estás en el primer grupo, este libro te ayudará a identificar aquello que ya empleas para que mejores tu estrategia. Si estás en el segundo grupo, este libro te catapultará al primero.

3. Generar conexión

Como yo, quizá estás entre el 40 % de solteros españoles que según datos de eDarling usaron alguna vez una red social, una aplicación o una plataforma en línea para encontrar pareja. Es algo habitual hoy en día, aunque pocos lo reconozcan. La tecnología dejó de ser una disciplina para transformarse en el medio en el que vivimos.

Si pasaste por eso —y si no, te lo cuento—, seguro que aprendiste que estos canales son útiles para iniciar el contacto, pero no para conocer a las personas. Cuando alargas mucho la fase de mensajitos, de sesiones de chat interminables o *cybertonteos* lo que consigues es inventar en tu mente un personaje que cuanto más completo sea más divergirá de la realidad.

La mayoría de decepciones en el mundo del *virtual love* nacen de la frustración ante un escenario que no se ajusta a la expectativa creada, idealizada, construida en un cerebro que inventa lo que no ve (normalmente en su propio beneficio).

El perfil que cada usuario ofrece a sus posibles pretendientes es un anzuelo para conseguir una cita. Un anuncio promocional de tono amable e inocuo, pero divertido como para salir de copas a la par que brillante y aspiracional cual anuncio de refresco, de automóvil o de perfume.

Sin embargo, a pesar de la publicidad, se juzga en el cara a cara. Solo cuando el producto está de verdad a tu alcance —sea un refresco, el coche, el perfume o tu futura pareja— sabes si es verdad cuánto te contaron, qué hay más allá de esas cuatro fotos estupendas y esa descripción seductora.

Solo delante de la persona descubres si hay *feeling*.

Esa conexión con otra persona se consigue con cosas más intangibles que los datos de tu currículo, sea profesional o vital. La conexión es fruto de la empatía, el reconocimiento, la confianza, la credibilidad, la persuasión, la influencia y las actitudes compartidas.

Todo es cuestión de emociones.

Estoy seguro de que aquella directora sintió un *feeling* lo suficiente positivo conmigo como para decidir contratarme, sin saber por qué, gracias a mi relato.

Gracias a mi narración apreció quién era yo, con mis dudas y mis indecisiones, con mi ambición y mi pasión, con mi incapacidad para tomar una decisión clara. Situaciones, emociones con las que ella empatizó. Por un momento se olvidó de nuestros roles de entrevistadora y entrevistado, solo éramos Anna e Ivan comunicándonos.

¿Te parece un objetivo atractivo para tu próxima presentación?

¿Te gustaría que la audiencia olvidara que eres solo un ponente más y entrara en un juego comunicativo donde la influencia personal ocupa su propio lugar, más allá de la información?

Pues ya tienes un motivo más para explotar el *storytelling*.

Una historia no ofrece únicamente un contenido emocional para conmover a tu interlocutor por empatía, sino que también favorece a expresarte de manera más natural y transparente, abriéndote y exponiéndote como persona. Eso es lo que de verdad consigue que la audiencia conecte contigo.

4. Ofrecer un propósito

Cuando yo era pequeño —te hablo de los 80— triunfaba una serie de libros infantiles y juveniles llamada *Elige tu propia aventura*. Las historias se narraban en segunda persona, con el lector como protagonista del libro. A las pocas páginas de empezar el relato, te situaba en una disyuntiva y, según tus elecciones, te enviaba a continuar la lectura a una página concreta del libro. Según tus decisiones, la historia transcurría de una manera diferente y desembocaba en uno de los posibles finales.

Eran libros que podías leer varias veces, ya que encerraban diferentes relatos según las opciones que tomabas. Lo que me fascinaba de aquellos tomos es que me permitían dejar de ser un elemento pasivo para tomar decisiones. Decisiones que, además, influían en el desenlace. Esos libros me conferían una responsabilidad y un poder. Me convertía en algo más que un lector: era el protagonista y adquiría un propósito, una misión.

Esa literatura constituía una excitante forma de atraparme desde la primera página. Mi manera de pensar o de sentir, mi razonamiento o mi intuición, que yo fuera yo y no cualquier otro, era importante para el desarrollo de la historia.

Hoy en día, el videojuego de estrategia, la aventura gráfica o el juego de rol ocupan ese lugar. Millones de jugadores, como mi hermano, participan en historias sobre las que deciden, triunfan o yerran y sienten, en definitiva, que su interacción con el videojuego es significativa, como la mía con los libros de *Elige tu propia aventura*.

Quien yo soy es importante.

Una de las claves estratégicas que definen una presentación eficaz es provocar una reacción en la audiencia. Cuando ofrecemos una charla en un entorno empresarial difícilmente pensamos en una meta meramente divulgativa, filosófica o de entretenimiento. Y si es así, replantéatelo.

Las presentaciones en la empresa existen porque pretenden obtener una respuesta orientada a un objetivo corporativo: "quiero que compres", "quiero que trabajes más", "quiero que cambies la actitud", "quiero que ayudes a implantar este cambio", "quiero que me apruebes el proyecto", "quiero que me des el trabajo".

Uno de los primeros errores que solemos cometer es centrar nuestra atención en qué tenemos que decir en lugar de en qué necesitamos que haga el receptor.

Si necesitamos que hagan, nada nos ayudará más que ponerlos en disposición de actuar. Esto es, que pasen de ser un elemento pasivo a tomar decisiones. Decisiones que influyan en el desenlace. Una presentación que les dé una responsabilidad y un poder. Que se conviertan en más que oyentes.

Igual que yo ante un libro de *Elige tu propia aventura* o mi hermano ante un juego de Xbox, en cierta manera, nos urge que nuestro público se sienta protagonista y adquiera un propósito, una misión.

Lo que distingue este libro de otros sobre *storytelling* o técnicas narrativas es que aquí no nos olvidamos nunca dónde centrar nuestra atención.

No pretendo transformarte en un cotizado guionista o el próximo *best seller* en Kindle. Trataré las historias siempre como herramienta para lograr algo con la audiencia. Por eso, su propósito y participación serán esenciales.

Nos valdremos de las historias para provocar un comportamiento.

Exactamente igual que en mi entrevista de trabajo, donde la directora se encontró ante una historia de *Elige tu propia aventura*: ¿ayudas a este chico a resolver su dilema ofreciéndole la posibilidad de combinar su vocación y su pasión o le das un *no* para que persista su conflicto hasta que sea capaz de escoger uno de los dos caminos?

Al situarla en esa posición, mi entrevistadora podía interactuar con la historia. De pronto, su propósito y misión eran más decisivos e importantes que una mera vacante de empleo.

Piénsalo así: el resto de candidatos querían el trabajo porque buscaban trabajo. Yo le confería la capacidad de elegir entre el rol de heroína salvadora o dejarme naufragar.

Así funcionan las historias, especialmente en las presentaciones en entornos laborales: involucran al público y lo empujan a actuar.

Porque no queremos entretener, filosofar o divulgar. Queremos que el público compre, trabaje, cambie, ayude, apruebe o decida.

Queremos que el público haga.

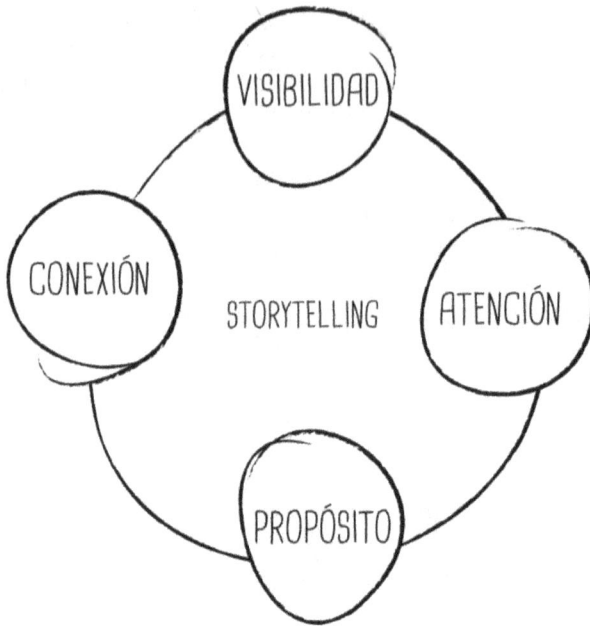

Por tanto, es vital que asimiles los cuatro beneficios del *storytelling*:

- o Tener **visibilidad** para que tus mensajes destaquen entre una masa uniforme de voces mientras comunicas discreta y elegantemente que lo tuyo no es más de lo mismo.

- o Mantener la **atención** de manera que tu oyente se olvide un momento de sus prejuicios, del tiempo, de su móvil y se concentre en ti.

- o Generar **conexión** personal con un oyente que te reconozca y te escuche en un espacio de confianza y empatía para que ejerzas verdadera influencia y persuasión.

- o Ofrecer un **propósito** que obligue al oyente a ser un elemento activo, protagonista, empujándolo a la acción que deseamos provocar en él.

Estos son los cuatro principales beneficios del *storytelling* (¡descubrirás muchos más!) que me ayudaron a cazar mi primer empleo, que he practicado sin apenas darme cuenta durante más de quince años como docente, y que estoy completamente convencido de que los deseas para tus presentaciones.

Estás a unas cuantas páginas de dar un salto cualitativo en tu manera de presentar, ¿no estás impaciente?

¡Yo sí! Te espero en el próximo capítulo.

2. SEAMOS HONESTOS: NADA ES GRATIS

Existe un coste que asumir si quieres *storytelling* en tus presentaciones. Lo bueno no sale gratis. Pero no es necesario que saques la tarjeta de crédito porque este precio no se paga con dinero.

Quiero ser claro llegados a este punto, pues dependemos de que entiendas qué, por qué y cómo debes poner de tu parte para que el *storytelling* te ayude.

Si no te alerto ahora, sucederá que tu cerebro despertará su lado escéptico y desaprobará las propuestas de estas páginas con tal de ampararse en la paz de su zona de confort.

Comprométete con la mejora de tus habilidades porque, por si aún no te habías percatado, casi todo lo que quieres conseguir en esta vida pasa por la interacción con otra persona.

Invertir en mejorar la comunicación siempre es un valor seguro.

¿Cuánto cuesta obtener los beneficios del *storytelling*?

El precio de ser diferente

No necesito decirte que ser diferente implica un coste personal, aun cuando vivimos en una etapa de la historia donde la mentalidad occidental es cada vez más egocéntrica e individualista. Pero también es más infantilizada, por lo que somos más vulnerables a sentirnos fuera de un núcleo social (presencial o virtual) y realizamos acciones y tomamos decisiones solo por el hecho de ser uno más. El renombrado sentimiento de pertenencia.

Y en las empresas donde las emociones juegan un papel relevante —como ya vimos en el anterior capítulo—, no se quedan al margen. Los miedos a ser el blanco de rumores, de críticas o comentarios simplemente por actuar distinto se acentúan.

La razón por la cual seguimos tirando de "presentaciones del montón" es porque así las efectúa todo el mundo. Aprendiste a presentar en público observando a otros, así como tú serás el modelo para futuros novatos. Replicamos los modelos que usa el resto porque los conocemos al dedillo y nos sentimos seguros, ¡a pesar de que a nosotros mismos no nos convencen!

Como ellos lo hacen así y no les pasa nada, tú lo repites igual, asegurándote que no te pasará nada.

Resulta lógico, pero no destacar por bueno ni por malo te brinda una sensación de falsa seguridad.

Digo falsa porque, en realidad, cuando ofreces una presentación del montón, la audiencia se vuelve mucho más beligerante.

Crees crear un entorno más seguro y, sin embargo, incentivas actitudes de desinterés respecto a tus palabras, prejuicios sobre tus ideas y destacas las imperfecciones, que es lo único que desvía el interés en una presentación estándar.

Te garantizo que cuando la audiencia percibe algo diferente, cuando percibe que alguien se esforzó en hacérselo pasar mejor, es más condescendiente, más participativa y más agradecida.

Saltarte la normalidad pone a la audiencia de tu lado, así que el riesgo no es tan alto como piensas.

Y sí, la visibilidad puede ser incómoda. Pero, ¿acaso no querías eso?, ¿que tus ideas, proyectos o mensajes destaquen sobre el resto?

Empieza a ser protagonista de tus presentaciones, atrévete a ofrecer algo diferente.

El precio de mantener la atención

Para sostener el pulso de la atención con tu público necesitas conocer los secretos del *storytelling*, aplicar sus métodos y seguir sus sistemas. No las tomes orientativamente para después aplicarlos a tu aire. Considéralas un patrón a seguir inevitablemente.

En este libro encontrarás instrucciones, técnicas, métodos y trucos sistemáticamente precisos y concretos a los que ceñirte. Posiblemente te resulte poco flexible y pienses que pierdes tu capacidad creativa. En serio, nada de eso. Necesitarás creatividad a raudales para vestir tu historia, pero el esqueleto requiere seguir una pauta.

Ya está todo inventado, así que no se trata de crear fórmulas, sino de aplicar las que sabemos que funcionan porque llevan siglos utilizándose con éxito.

Es importante que las conozcas, las escudriñes, las interiorices y, más importante todavía, que confíes en ellas y en su poder.

El precio de generar una conexión

Como te decía en el capítulo anterior, es fundamental mostrarte como persona para generar influencia, empatía y confianza. Al fin y al cabo, no confiamos, ni sentimos empatía, ni nos dejamos influenciar por máquinas. Si no, responde a esto: ¿por qué realizamos presentaciones todavía, con lo fácil que es enviar un *mail* con la información?

Porque sabemos que el factor persona, esa conexión, es importante.

Dicho así suena fácil, pero hablar de tus propias emociones es complicado. Exponer tus flaquezas, tus anhelos, tus dudas o esperanzas y desnudar tu personalidad a veces se interpreta como un comportamiento fuera de lugar y poco profesional.

Afortunadamente, grandes oradores o *influencers* de ayer y de hoy del calibre de Tony Robbins, Nelson Mandela, Winston Churchill o Eric Bailey no tuvieron tapujos a la hora de mojarse. Eso les hizo ser reconocibles como personas y conectar con sus seguidores.

Quizá sea uno de los precios que más te cueste pagar. Pero si insistes en hablar en primera persona del plural, en despersonalizar tus discursos y en hablar desde la distancia corporativa, pierdes el tiempo con el *storytelling* porque no te funcionará.

El precio de ofrecer un propósito

Ofrecer un propósito quiere decir preocuparte por tu público. Te conviene conocer quiénes son, qué quieren encontrar, qué les gusta y cautiva, qué les disgusta y deberías evitar, qué conocen de lo que explicarás, qué ignoran, qué prejuicios merecería la pena evitar, qué les emociona como para involucrarse, qué ambiciones atesoran y qué miedos les acechan.

¡Como si no tuvieras bastantes preocupaciones con presentar!

Que si el *powerpoint*, que si no quedarme en blanco, que si qué me pongo, que si no me pillen con alguna pregunta...

¿Demasiadas cosas por las que preocuparse?

Es hora de cambiar tu foco de atención. En efecto, el precio de ofrecer un propósito es dejar de preocuparse por uno mismo y empezar a preocuparse por los demás.

Nos tomamos una presentación como un examen. Emparentamos la situación a una exposición oral ante un tribunal sumario que juzga nuestro trabajo. Y ese pensamiento lleva a obsesionarte sobre cómo quedará la presentación, cómo quedarás tú.

Mientras malgastas tu energía en crearte un salvavidas, olvidas la verdadera finalidad de una presentación: provocar un cambio en varias personas a la vez mediante una comunicación interpersonal.

Y sí, centrarte en los demás supone un esfuerzo. Pero no olvides que ese empeño responde a tu objetivo inicial. Eres tú quien busca una reacción concreta de tu audiencia, no esperarás encima que sean ellos quienes se esfuercen.

* * *

A lo largo de la lectura, tal vez empiecen a sonar en tu cabeza mensajes del estilo «no puedo aplicarme esto», «mi tema es demasiado serio como para tratarlo así», «mis clientes jamás lo entenderían» o el clásico «esto no encajará en mi empresa».

Las frases que acabas de leer comparten dos cosas: son frases escuchadas en mis talleres y seminarios por parte de los estudiantes más resistentes al cambio y todas quieren convencerte de que no lo intentes.

Por eso quiero que seas consciente de que, con absoluta certeza, a tu cerebro no le gustará pagar estos precios y procurará desmotivarte para que abandones incluso antes de proponértelo. Depende de ti ser inteligente y no dejarte embaucar por la insistencia de que todo permanezca igual, porque seguir como hasta ahora tampoco sale gratis.

El precio de seguir como hasta ahora

Efectivamente, no creas que renunciar al *storytelling* te saldrá gratis.

Si aún ofreces presentaciones "del montón" nunca saldrás de ese montón. Tu marca personal quedará desdibujada. Solo serás alguien más entre muchos. Tus esfuerzos al preparar tus presentaciones o *powerpoints* no se verán recompensados porque nadie recordará quién los hizo. Es un lastre complicado de cargar si deseas progresar en tu carrera profesional, prosperar laboralmente o ganar reconocimiento motivador.

Las presentaciones que no usan técnicas para despertar el interés naturalmente son aburridas.

Quiero decir que, lo quieras tú o no, actúas contra natura, gastas tu energía en que unas personas te escuchen cuando sus cerebros les impulsan en sentido contrario. De nuevo encontramos un esfuerzo invertido en preparar una presentación donde, con suerte, la audiencia escuchará el 60 % del tiempo, con el 40 % restante dividido entre husmear las pantallas de sus móviles, atender absortos sus pensamientos cotidianos o batallar el sueño causado por la enésima presentación clonada.

También es mal asunto para tu motivación resistir ante un panorama en el que hablas, pero contemplas como nadie te atiende.

Si prescindes de crear una conexión emocional con tu audiencia, te presentas con la frialdad de un prospecto médico —donde el narrador es invisible, una voz en *off* que acompaña a unas diapositivas—, renuncias a la persuasión.

No hay conexión, no hay empatía, no hay confianza.

Tú sabrás si quieres renunciar a la posibilidad de establecer una comunicación de la buena, de la que cala, de la que se recuerda y que genera influencia.

Cuando un ponente despoja a su audiencia de un propósito y se dedica a despachar información unilateralmente, escoge el canal comunicativo menos eficaz.

Si es tu caso, derrochas el esfuerzo personal que representa una presentación para un mensaje que podría transmitirse en una circular y, a su vez, tu audiencia sufre la sensación de perder irremediablemente el tiempo cuando los convocas.

Desde el punto de vista de la productividad, cuando sumes lo gastado en horas de trabajo, reserva y acondicionamiento de salas, desgaste de medios técnicos, tiempos de gestión y los desplazamientos de la audiencia, te asustarás del precio desorbitado de esta acción, en relación con cuánto valor te retornará. Un precio (este sí, económico) nada despreciable.

LAS PRESENTACIONES
SIN STORYTELLING
TIENEN UN PRECIO....

LAS PRESENTACIONES
CON STORYTELLING
TIENEN UN PRECIO....

- MALGASTAR ESFUERZO EN UN CANAL DE COMUNICACIÓN POCO ADECUADO.

- RENUNCIAR A CONECTAR CON EL PÚBLICO Y GENERAR INFLUENCIA PERSONAL.

- SOPORTAR A UNA AUDIENCIA MÁS APÁTICA Y BELIGERANTE.

- ACEPTAR QUE ERES "DEL MONTÓN" Y QUE PASARÁS INADVERTIDO.

- INVERTIR MÁS TIEMPO EN LA ESTRATEGIA Y EN LA PREPARACIÓN DE TU DISCURSO.

- ATREVERTE A MOJARTE PERSONALMENTE Y COMPARTIR OPINIONES Y EMOCIONES.

- ESFORZARTE PARA APRENDER Y PRACTICAR NUEVAS TÉCNICAS.

- ASUMIR EL PROTAGONISMO Y TOLERAR LAS CONSECUENCIAS DE LA VISIBILIDAD.

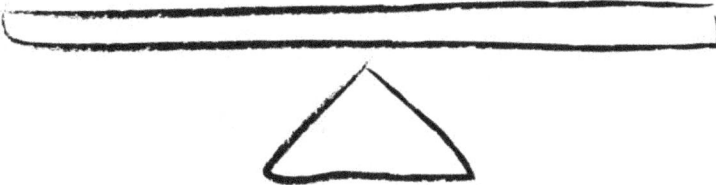

Así, tanto si decides dejar ayudarte por este libro y empezar a utilizar *storytelling* en tus presentaciones, como si decides lo contrario, pagarás un precio.

Decide antes de pasar la página: ¿Qué precio prefieres pagar?

3 MORALEJA: POR EL FINAL SE EMPIEZA

Cada mito o leyenda perpetuados de boca en boca a lo largo de los siglos, es un pretexto para diseminar un mensaje, una conclusión o un aprendizaje.

Pequeñas o grandes, estas piezas narrativas de tradición oral, como las presentaciones en público, sirvieron a todas las culturas para explicar lo desconocido, los fenómenos naturales inexplicables en cada momento de la historia o el origen de la propia sociedad. Son una memoria colectiva que cohesiona la comunidad que la evoca.

La mitología griega, adaptada después por los romanos, es un gran ejemplo de cómo las historias transformaban en comprensible cuanto era observable. Actualmente, en África, se estima que existen más de 250.000 mitos, leyendas y cuentos populares cumpliendo esta función.

Y a lo mejor piensas que nuestra sociedad se desprendió de esos y otros mitos. Sin embargo, siguen ahí, explicándonos la realidad que nos envuelve.

Como el mito de que las personas malvadas acaban por probar su propia medicina, aunque conozcamos algún cerdo al que jamás le llegó su San Martín.

Trabajé en empresas fundadas en los 80 que vivían con el mito del *pelotazo*, cuyo éxito consistía en meter un buen gol gracias a un contacto o un concurso para descansar durante nueve o diez meses.

La generación de mis padres se sacrificó por sus hijos. Obedecieron al mito de que un título universitario era imprescindible para obtener el éxito profesional. Hoy escuchamos el cuento del emprendedor como héroe capaz de llegar adónde se proponga si atesora la ilusión suficiente.

Estas creencias solo son eso, creencias. Pero cada comunidad trata las suyas como hechos.

También para los niños las historias son instrumentos didácticos, a través de los que transmitimos las normas, los valores y la moral (de ahí moraleja) de la sociedad que viven y donde deberán encajar.

Así, la historia de un tal Pedro y unos lobos imaginarios (que finalmente aparecieron y atacaron) nos enseñaba a no ser mentirosos, y la de una niña con una caperuza roja a obedecer a mamá y a no hablar con desconocidos. Tres cerdos hermanos nos enseñaron que ser trabajador al final es recompensado y un pato poco agraciado que los marginados cosechan su revancha algún día.

Diría que nos han narrado estos relatos cientos de veces en el cine, con otro contexto, y han reforzado esos mensajes de honestidad, obediencia, sacrificio o paciencia integrados en nuestra cultura. Y nos gusta escucharlos porque nos recuerdan los valores de la sociedad a la que pertenecemos.

Sustituyamos al patito feo y sus hermanastros por Olivia Newton-John y una pandilla de estudiantes engreídos. De pronto, encontramos el hilo narrativo de la película *Grease*, que nos cautiva hasta cuando, por fin, Sandy culmina su revancha y resurge convertida, como el cisne más bello ante sus atónitos compañeros.

Interiorizamos historias hasta que frases como «te crece la nariz», «hay que ser más hormiguita» o «tú deja que enseñe la patita» forman parte de nuestro lenguaje.

Las compartimos sin apenas percatarnos de que son mensajes grabados en nuestras mentes, y en la memoria colectiva, a través de esos cuentos infantiles.

Al igual que los cuentos son instrumentos para convencerte e inculcar un mensaje, las presentaciones en público también sirven para contagiar una convicción a una audiencia, calar en sus mentes permanentemente y afectar en su actitud o conducta.

Recuerdo una empresa que me detallaba los problemas para motivar a sus comerciales. Acostumbrados a que su producto fuese el patito feo del mercado, tendían a menospreciarlo.

Parecía que se solucionaría cuando un *restyling* —un rediseño, pero más *cool*— convirtió ese producto en un bonito cisne.

Sin embargo, a pesar de los esfuerzos del departamento de *marketing* en esa transformación, la actitud de los comerciales era invariable: ocultaban el producto del escaparate como acostumbraron a hacer durante años.

Esos comerciales no solo necesitaban ver un producto nuevo, necesitaban que alguien les contara una historia.

Una historia narrable tal que así:

> *Trabajamos en una marca que siempre priorizó el inmejorable valor de nuestros coches en un rango económico más que razonable.*
>
> *Durante años, defendimos una gran relación calidad-precio pensando en nuestros clientes y no quisimos distraernos en detalles superficiales como el diseño.*
>
> *Nos equivocamos.*
>
> *El aspecto de nuestro coche, al lado de otros deslumbrantes modelos, opacaba sus verdaderas prestaciones. Las otras marcas*

lo miraban por encima del hombro. Vosotros, los vendedores, no teníais más opción que apartarlo de vuestros escaparates porque era más un estorbo que un reclamo.

Nuestro equipo de marketing, sensible a esta desventaja, aprendió que la imagen es importante y que aquello de la belleza interior es un mito más promulgado que practicado. Empezaron a trabajar duro para conseguir un aspecto a la altura de sus hermanos.

Así se ha convertido el patito feo de los coches en un hermoso cisne.

Es el momento de sacar pecho, de tomarnos la revancha sobre quienes se reían de nuestro coche. Ahora demostraremos que tenemos un coche bello como el que más y, además, conservaremos la excelente relación calidad-precio que los demás carecen.

Despeja tus escaparates para que nuestra nueva estrella brille sin complejos, atrévete a presumir de modelo porque ya era hora de plantar cara a los vanidosos que nos subestimaron.

Demuestra a tus competidores que se equivocaron al despreciarnos, demuestra a los clientes que sabemos lo que les gusta y demuéstrate lo lejos que puedes llegar con tus capacidades para la venta y, ahora sí, un producto deseable.

Este es un cuento para que los comerciales se ilusionen al comprender que los marginados cosechan su revancha algún día, como Sandy en *Grease*. Es preciso que comprendan que es el momento de lucirse y desquitarse de todos esos años de tormento.

¿Te acuerdas de lo que te decía sobre el factor emocional en la empresa? En este ejemplo, el esfuerzo en una solución racional como un rediseño del producto era insuficiente. La actitud de los comerciales persistía como un obstáculo a superar.

Ahí es donde una presentación pasa a ser persuasiva, cuando toca la fibra más allá del dato y conecta con el remanente interno de valores, prejuicios y emociones.

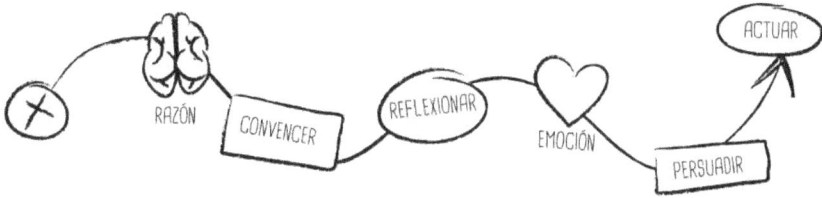

Estos comerciales necesitaban un cambio de actitud, concederse el permiso para pavonearse y presumir de su transformación, dejar atrás complejos y enamorarse de la nueva imagen del producto.

Por ese motivo, y no otro, construimos nuestra historia con el final en mente. Nos facilita hallar la moraleja que provocará el cambio.

Definida la moraleja, la conclusión, será más fácil encontrar el camino para llegar a ella.

Empecemos por apreciar algunas moralejas clásicas que encontrarás en cientos de historias y que podrían ser el final, más o menos explícito, de una presentación de empresa.

El cuento de Apple que nos contaba Steve Jobs

Si alguien entendió perfectamente cómo sacar partido del *storytelling* para crear una marca, ese fue Steve Jobs.

Poco aportaría de nuevo yo sobre su estilo de liderazgo y su gran visión empresarial, pero me detendré en sus presentaciones y cómo emplea la técnica narrativa.

Viajemos hasta el 9 de enero de 2007. Nos encontramos en la MacWorld 2007 y Steve Jobs, con su característica indumentaria de vaqueros ajustados, deportivas blancas y jersey negro, nos habla desde un sobrio escenario de fondo también oscuro. Hoy desvelará, por fin, el teléfono móvil de Apple.

Llevamos exactamente 26 minutos y 22 segundos escuchando a Jobs y nos asomamos al momento cumbre:

«*Este es el día que llevo esperando desde hace dos años y medio.*

De vez en cuando, aparece un producto revolucionario que lo cambia todo. Y Apple ha sido... Bueno, antes de nada: cualquiera sería muy afortunado si lograra trabajar en uno de estos productos durante su carrera.

Apple ha sido muy afortunada. Ha sido capaz de presentar varios de estos productos [revolucionarios] al mundo.

En 1984 introdujimos el Macintosh. No solo cambió Apple, cambió toda la industria de la informática.

En 2001 introdujimos el primer iPod y no solo cambió la manera en que todos nosotros escuchamos música, cambió la industria musical por completo.

Hoy presentaremos tres productos revolucionarios de este tipo.

El primero es un iPod de pantalla panorámica y con control táctil.

El segundo es un teléfono móvil revolucionario.

Y el tercero es un dispositivo de acceso a Internet sin precedentes.

Tres cosas: un iPod de pantalla panorámica con control táctil, un teléfono móvil revolucionario, y un dispositivo de acceso a Internet sin precedentes.

Un iPod, un teléfono y un dispositivo con acceso a Internet.

Un iPod, un teléfono... ¿lo pilláis?

Estos no son tres dispositivos por separado, este es un único dispositivo, y lo llamaremos iPhone.

Hoy, hoy Apple reinventa el teléfono y aquí está».

En esta presentación, Jobs transgredió los límites al presentar su nuevo teléfono inteligente. Nos contó el relato que atrapa a una legión de seguidores, consumidores que son más que clientes, son adeptos. Personas que asumieron el *storytelling* de Apple como la historia de su propia vida.

¿Y cuál es la moraleja épica que vincula emocionalmente a millones de personas con una marca tecnológica?

Pensábamos que Jobs iba a presentar su teléfono y... ¡declara la revolución de toda una industria!

Esa es, precisamente, la moraleja del relato de Apple: "las cosas son así, pero podrían ser diferentes".

A lo largo del discurso, nos recuerda que ya revolucionaron la historia antes, dos veces. Esta es la tercera.

Su propósito como marca en el planeta es romper con lo establecido, innovar, siempre como pioneros, crear un futuro que ayer era inimaginable.

Un espíritu inconformista y aventurero atrae a sus fieles — también inconformistas y aventureros—, quienes quieren formar parte de la revolución. Quieren ser los primeros en adentrarse en ese mundo alternativo opuesto a los estándares y lo habitual (véase: Microsoft y el mundo del PC, su competencia comercial, y el diseño incómodo e ineficiente del resto de la industria).

No es casualidad que los partidarios más acérrimos de Apple sean capaces de dormir en la calle un par de días en la puerta de la tienda, o soportar pacientemente colas que rodean la manzana. Todo vale la pena con tal de ser los primeros en sostener entre sus manos el último iPhone. A fin de cuentas, no solo compran un teléfono, compran su insignia de pioneros, su pase para salirse de la norma, su manifiesto como inconformistas y su declaración de aventureros.

La moraleja de "las cosas son así, pero podrían ser diferentes" cala hondo emocionalmente, por eso ha sido exprimida por *best sellers* y productores de Hollywood en innumerables ocasiones. Por poner un reciente ejemplo de éxito: la saga de *Los juegos del hambre*.

Una historia que nos sitúa en un universo posapocalíptico, en una nación dividida por distritos llamada Palem, cuyo órgano de gobierno, el Capitolio, emplea un curioso sistema para reprimir alzamientos. Envía a la más cruenta lucha por la supervivencia a un adolescente de cada uno de los distritos. Todo convenientemente retransmitido por televisión con un severo tono aleccionador y de escarnio.

Las cosas son así, pero podrían ser diferentes.

Así que la protagonista, Katniss Everdeen, acaba por abanderar una revolución contra el Capitolio para romper el sistema establecido.

Tampoco hay por qué ponerse tan épico. Una historia de amor que rompa las barreras entre clases sociales también es una historia de "las cosas son así, pero podrían ser diferentes". Se trata de no conformarse con el orden establecido, ¿no?

En *Dirty Dancing*, por nombrar un referente muy conocido, se diferencian dos grupos sociales desde el inicio: la clientela y los empleados del hotel. Los conflictos de clase están presentes durante el film, aunque la acción se centre en el amor imposible entre la adinerada Baby (que debería bailar *foxtrot*) y el trabajador Johnny (con su baile "sucio", su *dirty dancing*, como expresión de la sexualidad en los sótanos del hotel familiar, donde la plantilla desata sus deseos moviendo y juntando sus caderas).

Saltarse las reglas sociales establecidas y atreverse a bailar la danza final como símbolo de la unión entre opuestos intocables y enésima lección de rebelión contra el sistema.

Ambos, más o menos explícitamente, son relatos de esperanza, evolución, aceptación del cambio, apuesta por el progreso y defensa de tus ideales. Relatos de nadar contracorriente, de pensar más allá de lo que ves y de dotar de significado a tu vida, crear un mundo mejor. Son relatos que nos atrapan fácilmente, nos conmueven y nos remueven por dentro, y refuerzan nuestros valores y el sentido de comunidad. Esa es la magia de esta historia que Apple supo explotar tan bien.

Protagonistas inconformistas con cuanto les rodea, como Apple, en quienes florece un propósito de explorar alternativas a una situación aceptada por la mayoría, como Apple, y con la motivación y valentía necesarias para azuzar una revolución que nos deje un planeta mejor, como Apple.

Una moraleja de la que estamos firmemente convencidos, porque cientos de historias que hemos visto, escuchado o leído nos conducen a esa conclusión. Por eso, cuando Jobs vuelve a contárnosla, confiamos en la veracidad de su revolución.

Es cierto que los *smartphones* ya existían antes de esta presentación. Cuando el primer iPhone salió al mercado, otras marcas habían realizado sus pinitos.

Unos meses antes del lanzamiento de Apple, Nokia vendía su N95. Un teléfono con la tecnología del iPhone, excepto por la pantalla táctil. De hecho, en las comparativas por especificación de la época, los expertos y analistas pronosticaron el fracaso de un iPhone técnicamente inferior al teléfono inteligente de Nokia. En realidad, la gran pantalla y la usabilidad fueron las claves para desbancar a ese avanzado N95 del que nunca más se supo.

Ni Apple fue el primero, ni Nokia fue la única que se adelantó.

IBM conserva el verdadero mérito de lanzar el primer teléfono considerado inteligente: el Simon. Fue antes de las redes de telefonía móvil, en 1994, y sus usuarios precisaban conectarlo a una línea telefónica convencional para acceder a Internet.

Está considerado oficialmente el primer *smartphone* y como tal está expuesto en una galería del Museo Británico.

Fría, dura y objetivamente, Apple no fue pionera de nada.

No le despojaremos del valor de generar un punto de inflexión en la evolución de los teléfonos inteligentes, pero ni de lejos fue el primero en juntar un teléfono, un reproductor de música y un dispositivo con acceso a Internet.

Aun así, eso es lo que persiste en la memoria colectiva. Ese es el mito que perdura a través del tiempo y aúna masas en torno a un teléfono gracias a su historia: "las cosas son así, pero podrían ser diferentes".

Quizás te suena esto: Apple aprovechó los beneficios del *storytelling* para desmarcarse y resaltar por qué eran diferentes, captar la atención, conectar con las emociones y ofrecer un propósito a su público.

Este es un mensaje que puede servirte en tu próxima presentación si deseas sumar voluntades a un cambio de paradigma en tu empresa, reforzar el espíritu innovador en tu equipo o persuadir a un cliente del nuevo mundo que crearás para él.

Añade unas gotas de la épica de Jobs y participar en tu movimiento será más atractivo. Sirvan esta moraleja y la del patito feo como ejemplos, pero el repertorio es extensísimo.

Solo debes encontrar la tuya, la que te servirá en función de la reacción que desees provocar con tu presentación.

Recicla mensajes clásicos para tus presentaciones

"Valora lo que tienes alrededor"

Seguro que en más de una ocasión escuchaste aquello de «no te das cuenta de lo que tienes hasta que lo pierdes».

Es uno de esos pensamientos que te invaden al romper una relación, al dejar un trabajo, al perder a un familiar o al padecer un problema de salud.

Esas situaciones nos recuerdan que, en nuestra propensión innata a proyectarnos en el futuro y a enfocarnos en lo que nos falta, olvidamos valorar nuestro presente.

Al ser una de las piedras con las que el hombre siempre tropieza, la literatura y el cine se esforzaron en enviarnos advertencias para que evitemos sufrir ese aprendizaje en nuestra propia piel.

Una de las más clásicas es *El Mago de Oz*, donde la pequeña Dorothy, hasta el moño de su aburrida vida en la granja de Kansas, es absorbida por un tornado que la transporta a un mundo maravilloso donde ni brujas, ni espantapájaros, ni hombres de hojalata, ni leones cobardes logran paliar la nostalgia por su hogar.

Afortunadamente para ella todo era un sueño del que despierta musitando la célebre frase «ningún sitio como el hogar» y se reencuentra con su austera pero añorada vida de siempre.

Aprendió a valorar lo que tenía alrededor.

Dorothy es solo una de las víctimas de ese prepotente menosprecio con el que creemos que cuanto nos rodea, nuestra vida tal como es, carece de valor. Desde Macaulay Culkin en *Solo en Casa* hasta Tom Hanks en *Big* o Kevin Spacey en *American Beauty*, todos pasaron por ese estado.

Antes o después, aprendieron que era mejor concentrarse en lo que tenían en vez de perseguir anhelos.

Valorar cuanto nos rodea es una buena moraleja si deseas convencer a tu jefe de la urgencia de invertir recursos para potenciar el talento del personal interno en vez de externalizar. O si quieres que tu equipo comercial saque más partido al mercado que ya posee en vez de deslumbrarse por un mercado emergente. Incluso si nuestro producto está relacionado con el comercio o el turismo local, explota la tradición o valores familiares para captar a unos clientes que deberían apreciar su alrededor y dejarse de aventuras.

«Céntrate en lo que tienes en vez de soñar en lo que no» es una moralina radicalmente opuesta a Apple. Esta filosofía es conservadora, mientras que la de Steve Jobs y su *leitmotiv* «las cosas son así, pero podrían ser diferentes» es más rupturista.

No existen moralejas buenas ni malas. Identifica la moraleja que más te ayudará a alcanzar lo que esperas de tu audiencia.

"La actitud positiva te ayuda a enfrentar los problemas"

El camino de la vida está lleno de baches y, aunque te acolches —o te protejan—, la vía llana y plácida no existe. Y si existiera nos moriríamos de aburrimiento.

Disgustos emocionales o descalabros materiales, desafíos personales o zancadillas profesionales, peleas con otros o conflictos con uno mismo. Solo la actitud de quien necesita superar la adversidad convierte esas situaciones en pequeños socavones o abismos insondables.

La vida es bella, película gracias a la cual aprendimos a decir «Buenos días, princesa» en italiano, cuenta la vivencia horrible de los prisioneros en campos de concentración nazis durante la Segunda Guerra Mundial.

El protagonista, Guido, encarnado por Roberto Benigni, concibe una fantasía para justificar y disfrazar la realidad a su hijo. Vivir en un juego en lugar de abatirse por el miedo o la tristeza les ayuda a llegar al día siguiente. Pero, ¿qué nos quiere enseñar esta película?

Pese al malogrado final de la historia, la lección que aprendemos es que la actitud de Guido ayudó a que él y su hijo soportaran aquella situación. La actitud positiva es una gran aliada ante situaciones límite.

No obstante, sin entrar en comparaciones, ¿qué harías si tu equipo se encontrara de pronto con una dificultad de gran calibre? ¿Cómo motivarlos a seguir ejerciendo su trabajo, pese a las circunstancias?

La inspiración de Guido nos sirve, pues a través de las experiencias de otro hallamos el aprendizaje de cómo la actitud positiva es un elemento clave para acabar con un final feliz.

Lo imposible es un taquillazo basado en una historia real, la de María Belón y su familia, quienes sobrevivieron al *tsunami* devastador que arrasó con la isla tailandesa de Phuket en 2004.

En la película contemplamos la actitud luchadora de María por sobrevivir. Pese a lo que ocurre, pese a las dificultades, sus deseos de vivir y sacar adelante a su hijo le brindan la fuerza necesaria para superar esta prueba de vida.

Y así lo hace.

Tras digerir su periplo, María ha tenido en más de una ocasión la oportunidad de dirigirse a una audiencia y tratar de inspirarla con el mensaje de disfrutar la vida, transmitiendo su aprendizaje de resistencia ante la adversidad y el cambio de valores que supone semejante.

Pero cambiemos de historia. Mi padre es fan acérrimo de las películas de Rocky Balboa. Si te digo la verdad, apenas he visto más que fragmentos sueltos, pero incluso yo sé que destila mensaje motivacional a borbotones. Para muestra, un botón:

«Voy a decirte algo que tú ya sabes, el mundo no es todo alegría y color. El mundo es un lugar terrible y, por muy duro que seas, es capaz de arrodillarte a golpes y tenerte sometido permanentemente si no se lo impides.

Ni tú, ni yo ni nadie golpea más fuerte que la vida, pero no importa lo fuerte que golpeas, sino lo fuerte que pueden golpearte. Y lo aguantas mientras avanzas. Hay que soportar sin dejar de avanzar, así es como se gana.

Si tú sabes cuánto vales, ve y consigue lo que mereces, pero deberás soportar los golpes. Y no podrás decir que no estás donde querías llegar por culpa de él, de ella ni de nadie, eso lo hacen los cobardes y tú no lo eres.

Tú eres capaz de todo».

Historias inspiradoras y motivadoras, con el objetivo de influir en la capacidad de superar los problemas con una actitud valiente. O lo que es lo mismo: la disposición combativa ante un obstáculo te lleva más lejos que el desánimo.

Igual que os inspiraron a ti y a millones de espectadores a lo largo y ancho del globo, ¿por qué no inspirarían a tus tropas?

Asume el mando y cuéntales el cuento que necesitan escuchar.

"La unión hace la fuerza"

El discurso corporativo está repleto de alusiones a esta moraleja. Mandos de todos los niveles recurren continuamente a metáforas como «tenemos que ser una piña» o «estamos en el mismo barco». Y lo hacen bien, porque usan recursos retóricos para enriquecer y añadir emoción a sus discursos.

Las ventajas de utilizar la metáfora son claras:

o Añade elementos fáciles de visualizar, nada complicados de imaginar en tu mente —como ocurre con los conceptos más abstractos—, que refuerzan la comprensión y la memorización del mensaje

o Emplea significados compartidos, referentes comunes con la audiencia, que reflejan pertenencia un mismo colectivo.

o Introduce elementos externos, diferentes e inesperados, que aportan dinamismo y generan expectación durante una presentación.

Está bien valerse de este recurso retórico, aunque corre el riesgo de convertirse en un cliché hueco si lo empleamos en exceso. Una buena historia en primera persona siempre será mejor.

El pasado Halloween fui al cine con un amigo y topamos con una película para olvidar: un marco demasiado largo, unas peripecias mal ordenadas, una verosimilitud inexistente y una revelación confusa por debajo de las expectativas.

(Nota: si esta es tu primera lectura del libro, no entenderás de qué te hablo. Esto es lo que aprenderás en los próximos capítulos. Pégate un post-it y vuelve a releerlo cuando termines.)

En fin, que mientras esperábamos en la entrada del cine nos apeteció tomarnos un helado en McDonald's. Ya en la caja, nos preguntan: «¿con Oreo, Kit Kat o M&M's?».

Mi amigo eligió la película (¡bendita la hora!), así que yo elegí Oreo.

Fíjate como un simple helado de nata adquiere un nuevo significado solo por añadirle un triturado de otro producto. ¡Esto debe ser sinergia!

No solo porque el resultado de la mezcla es infinitamente mejor que si comes primero el helado y luego las Oreo, sino porque la verdadera sinergia está entre las marcas que se promocionan mutuamente.

La noción de que la suma ingeniosa de las capacidades individuales multiplica nuestro poder para salvar obstáculos mayúsculos —la sinergia— reside en nuestros cromosomas e instintos, aunque no la etiquetemos como sinergia. *Los Tres Mosqueteros*, los *Goonies*, los *Bichos* de Pixar o los *X-Men* de Marvel son ejemplos de esas sumas ingeniosas, de sinergia.

Ante las dificultades, un líder les recuerda que son un equipo y que juntos lograrán aquello que individualmente no consiguen.

¿Quieres hacer piña con tu equipo? Te toca ser ese líder que narra la historia inspiradora y rescata la actitud cooperativa de sus tropas desfallecidas o confrontadas.

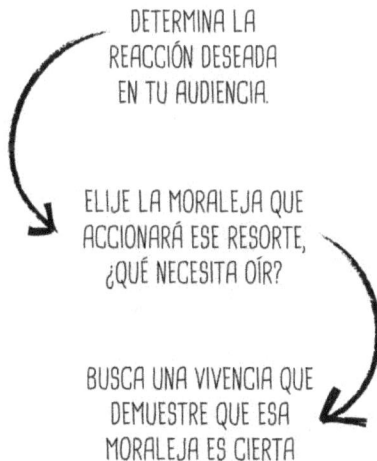

DETERMINA LA
REACCIÓN DESEADA
EN TU AUDIENCIA.

ELIJE LA MORALEJA QUE
ACCIONARÁ ESE RESORTE,
¿QUÉ NECESITA OÍR?

BUSCA UNA VIVENCIA QUE
DEMUESTRE QUE ESA
MORALEJA ES CIERTA

Como ves, las moralejas son mensajes que funcionan sobre las creencias y valores grabados en tu memoria. De modo que cada moraleja es la llave de un cofre escondido en tu mente, que a su vez guarda cientos de historias que certifican la veracidad de la misma.

Algunas de esas historias las vivimos en la propia piel, otras las escuchamos de nuestros mayores o las leemos a lo largo de nuestra educación. Pero todas despiertan la sensación irrefutable de que los hechos las corroboran.

Si consigues integrar tu contenido coherentemente en una de esas moralejas, depositarás tu mensaje en uno de los cofres de la audiencia, como otra historia de ejemplo que refuerza sus valores o creencias.

Así, a través de la llave adecuada, accederás a los cofres de tu audiencia e influirás en su reacción.

4. LA CIENCIA DE DESPEJAR LA INCÓGNITA

«Un tren sale del punto A a una velocidad de...»

Así empieza un clásico problema de matemáticas que habrás resuelto en más de una ocasión.

Yo lo resolví, y eso que no soy muy bueno en matemáticas (y "no soy muy bueno" es un eufemismo para malo, lo reconozco).

Aún recuerdo un día traumático de mi infancia, con unos diez años, cuando la maestra me sacó a la pizarra para resolver una división.

La señorita Eva no era mi profesora de matemáticas habitual, solo impartía la asignatura de castellano. Su físico recio, su voz grave y su comunicación seca le construyeron una reputación de profesora dura. No recuerdo bien por qué, ese día acabamos en su clase.

Cuando la señorita Eva me "invitó" a salir a la pizarra a resolver una división de tres cifras —así de pequeñito era yo y así de marcado me quedó—, empezaron los sudores fríos.

A pesar de mi fama de chico estudioso —o empollón, para qué matizarlo—, las operaciones matemáticas no eran lo mío.

Con la boca seca y la espalda tensa, me levanté y caminé hacia la pizarra. Nunca fui bueno al recordar cosas de memoria o aplicar procesos porque sí. Por eso, ni las tablas de multiplicar ni las divisiones sin calculadora eran lo mío.

Cogí la tiza con dedos agarrotados, la elevé ligeramente con pánico a que se me resbalara y empeorara la situación... Y no pasó mucho más por mi parte. Mi parálisis al resolver la operación desesperó a la señorita Eva y desconcertó a mis compañeros. Seguramente, el miedo y la presión participaron en mi bloqueo, pero el caso es que casi me dictaron qué escribir mientras mi cara se enrojecía cada vez más y más.

No fui capaz de resolverla.

En el instituto, cuando las operaciones se complicaron, sufrí los mismos problemas. Me costaba un entender qué ocurría al resolver una derivada y las solucionaba mal.

Tan pronto me rendí con las matemáticas que las saqué a trancas y barrancas hasta llegar a una gloriosa calificación de 0,5 puntos en el examen de acceso a la universidad. Suerte de mis buenas notas en otras asignaturas que compensaron mi debacle en matemáticas.

Pero, si yo era un chico de ciencias, que llevaba bien la física, la química y la biología, ¿por qué se me resistían tanto las mates?

Con el tiempo encontré una posible respuesta: no se me resisten las matemáticas, se me resiste lo abstracto. De hecho, hay un apartado dentro de las matemáticas donde me encuentro comodísimo: la geometría.

Cuando se trataba de calcular alturas de un edificio a partir de la proyección de su sombra, echaba mano de los senos y cosenos como si nada.

Deduzco que, si las matemáticas se aplicaban a cosas que podía observar o recrear en mi cabeza —como me pasaba en las otras ciencias—, me resultaban naturales e incluso útiles.

Exactamente lo mismo cuando tocaba apañármelas con la desaceleración y la distancia entre dos trenes para saber si colisionarían o no.

Probablemente, a ti también te sucedía: el problema como método para resolver operaciones, escenificar situaciones de la vida misma. De pronto, las matemáticas adquirían sentido porque contenían una pequeña historia.

¡Sí, otra vez el *storytelling* facilitándote la vida!

EN LA OPERACIÓN...	EN EL PROBLEMA...
TIENES QUE HACER.	TIENES QUE DESCUBRIR.
SIENTES QUE LA RESPUES-TA NO SIRVE PARA NADA.	VES LA UTILIDAD DE LAS MATEMÁTICAS.
SOLO TIRAS DE MEMORIA Y PROCEDIMIENTOS.	TE EMPUJA A APLICAR EL SENTIDO COMÚN.
SOLO VES NÚMEROS EN TU CABEZA.	VES OBJETOS, PERSONAS Y SITUACIONES.
APLICAS EL CONOCIMIENTO COMO FRAGMENTOS DE INFORMACIÓN AISLADA.	ENCUENTRAS UN FLUJO CAUSA-CONSECUENCIA QUE DA SENTIDO A TODO.
TE OLVIDAS DE TI Y DEL MUNDO.	ECHAS MANO DE TU EXPE-RIENCIA CON EL MUNDO.

Sería raro que no te preguntaras qué hago hablando de matemáticas en un libro de *storytelling*. Lo descubrirás dentro de nada.

Quiero que te percates de cómo los mecanismos que nos motivan a resolver un planteamiento matemático son los mismos que utilizamos para construir buenas historias.

Y son los mismos que emplearás para cautivar a tu audiencia en tu próxima presentación.

La estructura de la historia

Te resumiré qué estructura que debes definir para obtener una buena historia.

Esto es un resumen y seguramente te despertará montones de preguntas. Sé paciente, más tarde desgranaremos cada una de las partes, pero antes necesito que te crees una idea global del proceso.

Es exactamente el mismo método que aplicamos para resolver los problemas de matemáticas:

La resolución de cualquier problema empieza con el planteamiento, los mínimos datos necesarios para poder avanzar, tal y como me enseñaron mis profesores: ¿de qué información dispongo? ¿Cuál es el contexto?

En una historia, esto es crear el marco: el lugar, el tiempo y los personajes principales.

Una vez creado el marco, definimos la Incógnita, la pregunta detrás de esos elementos y que depende de ti para ser respondida.

En tu cráneo reside una máquina cuya misión es convencerte de que lo sabe todo y darte la seguridad de predecir cualquier cosa. Así puedes vivir con tranquilidad.

Del mismo modo que cuando algo incierto e inesperado llega a tu vida, en el momento que tu cerebro detecta una incógnita, siente el mandato vital de resolverla. La curiosidad funciona como generador de atención, por eso no encontrarás historia sin incógnita. ¿Quién es el asesino? ¿Por qué huye este hombre? ¿Se casarán? ¿Quién ganará esta guerra? ¿Por qué se comportan así?

Míralo como quieras, pero no hay historia sin incógnita o, como lo llama el *storytelling*, sin conflicto.

Una vez escuchas la llamada del reto suplicándote resolverlo, empiezan las operaciones.

Al igual que en matemáticas, consiste en una serie de pasos secuenciales, donde uno te lleva a otro y, como en una novela narrada por Agatha Christie, poco a poco te acercan al final.

La de las operaciones es una fase donde tu motivación aumenta a medida que las piezas encajan.

Esta serie de sucesos encadenados también es donde se emociona y se entretiene la audiencia, y le damos el nombre de peripecias.

Finalmente, si recorres el camino completo por la historia, llega la respuesta. El clímax, el momento en que termina tu trabajo, la incógnita queda resuelta, tu cerebro descansa y busca la complicidad con quien planteó el problema. Es la revelación, y necesita estar íntimamente conectada con la moraleja de tu historia.

MARCO 》》 CONFLICTO 》》 PERIPECIAS 》》 REVELACIÓN

Esta es la estructura. La historia será tan sencilla o complicada como tú quieras. Pero la columna vertebral del trabajo es esta.

Ahora que sabes el procedimiento a grandes rasgos, desgranaremos cada una de sus fases para que descifres cómo funcionan, qué deben contener y, sobre todo, cómo aplicarlas en tus presentaciones.

Empieza con el marco

«Érase una vez», tres palabras que nos incitan a dibujar una ilustración en nuestra mente.

«Érase una vez una niña con una caperuza roja que vivía con su madre en una cabaña junto al bosque...».

Eso es suficiente para iniciar la acción.

Podían decirnos que Caperucita Roja guardaba bajo su caperuza una rizada melena caoba, que usaba zapatos sin hebilla porque nunca aprendió a atarse los cordones, que en su cuarto tenía una pecera con tres peces de sus colores favoritos, bueno, casi, porque uno no era exactamente de color turquesa. Tampoco nos contaron quién era su padre, ni de qué trabajaba. No sabemos cómo era su casa, ni si el día que salió de allí con la cestita era primavera u otoño.

No sabemos casi nada de su vida. Ni lo sabemos ni nos importa.

El marco es económico en información porque, si no llegamos pronto a la incógnita —que posee el poder de cautivar, como verás después—, perderemos a la audiencia.

Dime si no te ocurrió alguna vez aquello de ver una película, o una serie, o una obra de teatro y pensar «¡venga ya, que pase algo!».

Si en una película la audiencia no aguanta más de quince minutos de contexto —y ya es bastante—, en una presentación de veinte minutos, establecer el marco no ocupa menos de tres.

Y sigue pareciéndome demasiado.

Cuenta con que la capacidad de retener información es bastante limitada durante una exposición oral. Selecciona lo esencial para crear el marco de tu historia.

Básicamente, establece un tiempo (ayer, el otro día, cinco años atrás, una mañana, el domingo...), un lugar (en mi casa, en la playa, en la cena de Navidad, en un avión, en el mundo, en Canadá, en una reunión...) y un personaje (yo, el jefe de ventas, un anciano norcoreano, la competencia, Andy Warhol, los clientes, mi perro, una niña, los ciudadanos de Bilbao, un camión de nuestra flota...).

Está en tu mano añadir los detalles que facilite comprender y seguir la historia, pero reduce al mínimo esta fase. Como si de manipular polvo de dinamita se tratara, un gramo de más causará una catástrofe.

Es tal el riesgo que la mayoría de autores y directores alteran el orden natural y comienzan por el conflicto, dejan el marco para más tarde.

Un gran ejemplo es la serie *Perdidos*. Su primer episodio empieza con un primer plano del ojo de Jack, uno de los protagonistas. El plano se abre y lo apreciamos herido, tendido en el suelo de un bosque de bambú. Un perro labrador aparece. Jack se pone en pie y saca un botellín de vodka de su bolsillo. Batalla contra el impulso y arranca a correr entre la cañada, pasando cerca de una zapatilla que cuelga de una de las cañas de bambú.

Estos son los dos primeros minutos de la serie, justo antes de que aparezca la entradilla por primera vez.

Cero contexto. Se siembran las dudas, el conflicto, y ya encontraremos tiempo para crear el marco.

Ahora bien, te animo a subir de nivel y alterar el orden de una narración cuando tengas la estructura natural por la mano.

Señala el conflicto

No existe una historia sobre una situación normal que se desarrolla y termina normalmente. Es inviable. Jamás nos tragaríamos que Caperucita cruzara el bosque, llegara a casa de su abuela y merendaran juntas. Y ya. Eso, para nosotros no es una historia (o, al menos, una historia atrayente).

Necesitamos contemplar o sentir la amenaza de un lobo, un problema de una envergadura cuanto menos considerable, una anormalidad que queramos ver resuelta, descubrir cómo termina.

La potencia de las historias reside en aprender. De lo previsible no se aprende. En cambio, es en lo inesperado, en aquello sin respuesta todavía, donde debemos sintonizar para aprender.

Si echas mano de tu memoria —o vuelves unas páginas hacia atrás—, notarás que Steve Jobs empieza con el marco de la historia de cómo Apple fue capaz de superar retos increíbles.

Sin ser explícito, en los primeros compases señala un conflicto: ¿y ahora qué? ¿Seremos capaces de conseguirlo de nuevo? ¿Revolucionaremos el mundo una tercera vez?

Cualquier otro profesional diría algo como: «Pero antes de entrar en materia, dejadme que os ponga en antecedentes con un repaso por el recorrido cronológico de la empresa».

Al decir esto, este profesional que no ha pasado por mis cursos transmite que aún no empieza lo importante (la atención baja en consecuencia) y, además, resta valor a la historia corporativa de su empresa.

Jobs aprovecha la historia de la empresa para generar un conflicto.

En esta presentación aprenderás a convertir los preámbulos e introducciones en una incógnita que también forme parte de tu narración.

A continuación, te muestro algunos tipos de conflicto para orientarte en tu búsqueda.

- o **El drama**: es cuando una dificultad rompe con la plácida normalidad para colocar al protagonista en una situación de riesgo. Una enfermedad incurable, un desafortunado accidente, un despido fulminante o un descubrimiento sobre el pasado, un suceso, una persona o un malentendido que amenace el estatus inicial de ese personaje.

  Vale cualquier historia de superación personal. Recuerdo a un estudiante del sector tecnológico que estuvo a punto de dejar su profesión, a pesar de que le gustaba, porque su ignorado daltonismo le dificultaba las tareas y sentía una tremenda frustración. Cuando descubrió su alteración, buscó estrategias para desempeñar su trabajo, donde aún hoy sigue.

El drama utiliza la historia de superación como ejemplo para inspirar y contagiar motivación.

○ **El reto**: es cuando el personaje siente que su vocación o su pasión le empuja a salir de su zona de confort para aventurarse en un viaje incierto pero ilusionante, temible pero esperanzador.

En una formación para una compañía farmacéutica, una estudiante nos contó como un día decidió dejar la empresa donde tan cómodamente estaba. Se embarcó con una compañía extranjera sin muchas garantías, y compartió con nosotros una reveladora enseñanza sobre esa experiencia.

Si quieres animar a tu audiencia a tomar riesgos, o compartir con tu público el conocimiento adquirido durante un viaje personal, un conflicto basado en el reto encaja como un guante.

○ **La pregunta trivial**: es cuando una situación cotidiana sugiere una pregunta que nunca nos planteamos.

Un estudiante con ganas de remover conciencias empezó su narración tal que así: «Esta camisa me costó nueve euros. ¡Nueve euros! Una ganga, ¿te has preguntado cuánto costará todo el proceso de convertir unos gramos de fibras una camisa de nueve euros?».

La respuesta a la pregunta y la historia de esa camisa hasta llegar a la tienda nos encauzaron hacia su impacto ecológico. Lo cotidiano nos conduce al gran problema.

Una derivación de este tipo es utilísima para acercar a la audiencia a conflictos demasiado globales o alejados de su realidad mediante elementos tangibles para ellos.

○ **El contraste**: es cuando un conflicto descrito espléndidamente por Nancy Duarte en su libro *Resonancia*, y se basa en comparar el mundo real con un mundo ideal. El propio salto entre uno y otro, entre qué es y qué podría ser, es un conflicto en sí mismo.

Un participante de una formación dibujó a los allí presentes un panorama mediocre y desangelado de la empresa al contrastarlo con otra organización exitosa del sector.

La sorpresa final fue que la exitosa compañía era la misma empresa tras aplicar el proyecto de transformación digital. De esa manera, persuadió a los implicados para que apoyaran su implantación.

El uso del contraste es un buen tipo de conflicto para sembrar ilusión o esperanza. Ideal para empujar a la acción.

o **El salto en el tiempo**: es cuando empezamos por un acontecimiento sin explicación, la duda en sí misma: ¿qué significa este momento? Aquí pertenece precisamente el ejemplo de *Perdidos*, recogido en el apartado anterior.

Después, retrocedemos en el tiempo y contamos cómo llegamos a ese momento generador de la incógnita.

Como durante la presentación que trabajó un estudiante en un taller avanzado. Su historia empezaba con un video que envió a su jefe, desde Berlín, despidiéndose del trabajo. La curiosidad de cómo había llegado a ese momento capturó nuestra atención desde el principio.

Es una estrategia excelente para fascinar desde el principio. O para enfatizar y señalar una disrupción cronológica importante en nuestra narración.

o **La convergencia**: es cuando presentamos dos historias sin relación aparente entre ellas. Al contarlas, deben unirse en algún punto y el conflicto y la incógnita residen en qué tiene que ver una cosa con la otra.

No recuerdo ningún ejemplo de este tipo utilizado por algún estudiante, pero es un clásico para llegar a esa moraleja de sinergia de la que hablaba en el anterior capítulo. Por ejemplo:

Marzo de 1973. Plena guerra fría entre Rusia y EEUU. Larry Page nace en Michigan. Solo cinco meses después, Serguéi Brinn nace en Moscú.

Aparentemente estas personas solo guardan relación con el año de nacimiento. Sin embargo, el conflicto es saber qué tienen en común exactamente, porque intuimos que algo más habrá. Si no, ¿qué razón existe para mencionarlas?

¿No sabes quiénes son? ¿Querrías quedarte con la curiosidad? ¡Ah, el poder del conflicto!

Busca en Google. Y es una pista.

En este caso hablamos de unir personas, pero funciona igual con una pareja de asuntos relacionados entre ellos: empresas, acontecimientos, descubrimientos... Son excelentes historias para demostrar el poder de la convergencia de ideas o mentes.

Estos son los tipos de conflicto más comunes. Piensa qué emoción pretendes despertar en tu público y, con tu historia en mente, busca el conflicto más ajustado a tu presentación.

Si consigues que tu historia arranque con un conflicto inesperado, ya tendrás la mitad del camino recorrido. Conseguirás concentrar a tus oyentes en tu discurso y desmontarás el prejuicio de que la tuya es una presentación más.

Recorre varias peripecias

Definido el conflicto, lo último que quieres es resolverlo de inmediato. Permíteme un ejemplo que manejo habitualmente en mis cursos y que los estudiantes entienden al momento porque se reconocen en él.

Si codicias ser el centro de atención en una reunión de amigos, probablemente recurras a una fórmula como:

«¿A que no sabéis a quién he visto esta mañana?».

Así lanzas un conflicto, una incógnita a desvelar donde el grupo concentrará su interés. ¿Y acaso cuando lo tienes dices...?

«¡Pues he visto a Alicia!»

No, no sueles hacerlo así, pues el interés se evapora inmediatamente si la resuelves al principio. La historia la prosigues más o menos así:

«Pues he bajado esta mañana a comprar el pan y la panadería de siempre estaba cerrada. Así que me he tenido que ir a la otra manzana que no me gusta tanto, pero bueno, es la que tenía más cerca.

Y, según llego, veo una chica haciendo cola y digo... ¡Ay! ¡Esa cara me suena!».

Das una serie de rodeos, concedes algunas pistas para prolongar su atención antes de desvelar la incógnita. Para eso, las peripecias invitan a la audiencia a jugar contigo.

Como dice J. J. Abrams, guionista y director de la mencionada serie *Perdidos*, al público no hay que decirle que "dos más dos son cuatro", le damos el "dos más dos" y dejamos que piense en el cuatro.

Es preferible dar que pensar, que tu audiencia se líe a atar cabos, que su mente se concentre en esa incógnita y no quiera perder ni una palabra. Con eso consigues que tu audiencia quede atrapada en tu mensaje.

Si piensa en aquello que le cuentas, solo piensa en tu narración. Encima ocurrirá de manera natural para tu público, que es justo lo que esperas que suceda cuando llegues a tu moraleja, que tus oyentes piensen exclusivamente en tu mensaje.

Pero no solo eso. Esta parte es fundamental porque gesta el ambiente necesario para colocar a tus oyentes en el estado emocional que buscas. Las peripecias encierran vivencias, diálogos, sensaciones, dilemas, obstáculos, miedos y/o triunfos.

En definitiva, sintonizan al público con su parte más emocional, algo totalmente imprescindible, como sabemos desde el principio.

Solo obedece tres reglas prácticas para encadenar tus peripecias:

1. Un mínimo de tres sucesos. Una o dos peripecias son escasas para crear un recorrido que facilite a la audiencia conectar contigo.

2. Un orden ascendente en tensión o interés. Cada suceso debe ser mayor o más enmarañado que el anterior. Si te chiflan las películas de acción, sabes que las escenas mejores son las del final.

   Los obstáculos, los retos o situaciones crecen en dificultad —o en hilaridad, si hablamos de comedia—. Cada paso a lo largo de la historia supera la expectativa.

   Si Superman salva la Tierra en la primera escena, nos quedaremos indiferentes cuando salve a una niña de ser atropellada minutos más tarde.

3. Un hilo conductor claro. El que mejor funciona es la causa-consecuencia, porque encaja con nuestra manera de comprender el mundo. Si cada peripecia es consecuencia de la anterior y causa de la siguiente, favoreces el ritmo de la narración y la asimilación de esa historia.

   Hay otras opciones para elaborar un hilo conductor. Por ponerte un ejemplo, conversaciones con diferentes personas donde cada una revela una pista o un embrollo que nos acerca a la incógnita.

   En todo caso, el tiempo es tu línea a seguir en el sustrato, no lo olvides.

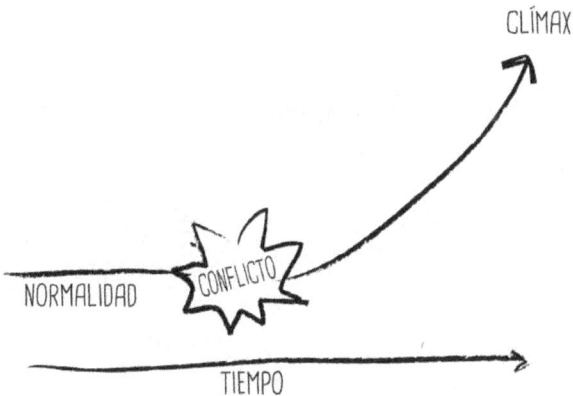

CLÍMAX

NORMALIDAD   CONFLICTO

TIEMPO

Desvela la revelación

Llegamos al clímax de la historia, cuando todo cobra sentido, cuando el pensamiento del ponente y la audiencia confluyen, cuando la razón y la emoción conectan y alineamos las voluntades.

Puede sonarte a teoría físico-cuántica, pero no. Es menos místico y más fácil de asimilar. Déjame explicarte cómo funciona.

La revelación es lo más complicado, porque si no la comunicamos con mimo resulta sencillo defraudar a la audiencia. ¿Por qué es tan difícil? Porque es un raro equilibrio entre «no me lo esperaba» y «claro, no podía acabar de otra forma». Es decir, nuestra labor es romper la expectativa con un final inesperado pero que se perciba como inevitable.

Es la bioquímica, y no la mística, quien participa en este proceso, porque el responsable de casi todo lo que te he contado desde la primera página es un neurotransmisor.

La dopamina es conocida como el neurotransmisor del deseo, y es una especie de anticipo a las recompensas. Cuando las cosas que suceden están por encima de nuestra expectativa, como una sorpresa agradable, liberamos dopamina, que nos genera esa euforia cálida, chispeante y peculiar al sentir cómo se disipa nuestra ansiedad. Por el contrario, cuando las cosas suceden por debajo de las expectativas, la sorpresa es desagradable y los niveles de dopamina bajan. Cuando todo es predecible y se ajusta a la expectativa, la dopamina permanece estable y no sentimos un efecto significativo en nosotros. Simplemente estamos equilibrados.

Cuando insisto tanto en romper con la expectativa, ofrecer algo diferente, sorprender con un conflicto, aumentar la tensión con las peripecias o dar el do de pecho con la revelación, en lo único que pienso es en elevar progresivamente el nivel de dopamina del público. Al fin y al cabo, así es como una buena historia produce satisfacción y perfora una muesca en la memoria.

¡Y cuidado! No sea que por sorprender olvides que la revelación debe conectar directamente con la moraleja.

Te lo digo al revés: la moraleja que deseas necesita ser el aprendizaje que se extraiga de esa revelación.

A riesgo de que me taches de "destripa-historias" comentaré un par de ejemplos de finales de película para que veas cómo conectan con su moraleja.

En la revelación de *Armageddon*, el protagonista y líder del equipo (Bruce Willis) cumple con su cometido de morir para accionar la bomba que destruya el meteorito y salve el planeta, enseñándonos a creer en el sacrificio personal como garante de la supervivencia y la prosperidad de la humanidad. Una historia tan antigua como los clavos de Cristo.

En *Titanic*, una anciana Rose regresa al lugar del hundimiento y nos descubre que Jack Dawson, aquel pasajero con quien vivió un romance de cinco días, aún es el amor de su vida 84 años después, revelándonos y recordándonos la existencia del amor verdadero.

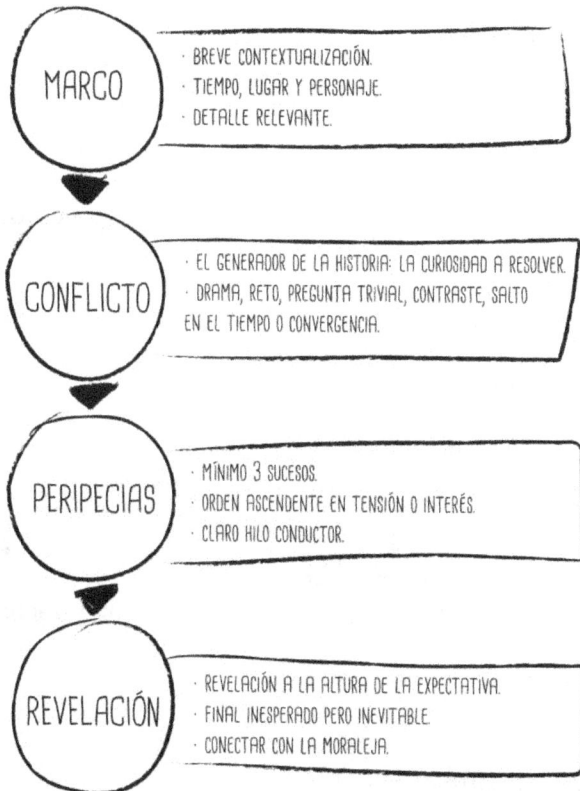

MARCO
- BREVE CONTEXTUALIZACIÓN.
- TIEMPO, LUGAR Y PERSONAJE.
- DETALLE RELEVANTE.

CONFLICTO
- EL GENERADOR DE LA HISTORIA: LA CURIOSIDAD A RESOLVER.
- DRAMA, RETO, PREGUNTA TRIVIAL, CONTRASTE, SALTO EN EL TIEMPO O CONVERGENCIA.

PERIPECIAS
- MÍNIMO 3 SUCESOS.
- ORDEN ASCENDENTE EN TENSIÓN O INTERÉS.
- CLARO HILO CONDUCTOR.

REVELACIÓN
- REVELACIÓN A LA ALTURA DE LA EXPECTATIVA.
- FINAL INESPERADO PERO INEVITABLE.
- CONECTAR CON LA MORALEJA.

Prueba con una historia

«¡Cuánto trabajo!», pensarás. Te diría que sí, si escribieras historias de ficción. De hecho, hay quien se gana la vida con ello y tal vez ahora valores más su trabajo.

Sin embargo, te recomiendo que empieces por explicar tus propias historias. No inventes, simplemente recopila en tu memoria y estructura como te propongo.

Una historia te brinda credibilidad para alcanzar tu objetivo porque no hablas de algo que presupones, sino del aprendizaje tras una experiencia real.

Y además contarás con la ventaja de que tu comunicación no verbal (voz, expresión facial, etc.) se alineará automáticamente con las emociones que quieres transmitir al recordar esos sucesos.

Te propongo un ejercicio.

Escribamos una historia con la moraleja de que "la comunicación es esencial para el trabajo en equipo". ¿Te parece?

Pues coge un cuaderno para tomar notas y empecemos.

1. Busca una vivencia de tu vida donde aprendiste precisamente la importancia de comunicarse con los compañeros.

    Sí, aquella desastrosa, cuando el cliente o el proyecto se fueron al garete por una mala comunicación entre compañeros o departamentos.

    ¿La tienes?

2. Ahora a por el marco. Apunta cuándo ocurrió esa vivencia, de cuántos erais en el equipo, a qué os dedicabais y dónde trabajabais.

    Con esto es suficiente.

3. Localiza el conflicto. Puede ser un drama desencadenado por un primer incidente.

O atreverte con el salto en el tiempo y explicar el día que perdiste al cliente. Luego retrocede en el tiempo para explicar cómo llegasteis a esa situación.

4. Seguro que el fatídico desenlace no se produjo a raíz de un mínimo y único hecho puntual, sino fruto de una serie de catastróficas desdichas.

   Ordénalas en el tiempo (probablemente son una cadena de relaciones causa-efecto).

5. Repasa y asegúrate de que cada peripecia aumente la amenaza del trabajo, que a cada paso sea más dramática (o cómica).

   Si alguna rompe el ritmo ascendente de tensión durante la narración, elimínala o gradúala para que encaje.

6. Y ahora tu revelación: acabó en desastre por un problema de comunicación. Cuenta cómo te percataste, qué significó para ti y cómo te permitió aprender la lección.

Ya tienes una historia que demuestra que "la comunicación es esencial para el trabajo en equipo".

En primer lugar, será más significativo porque hablas de tu propia experiencia. En segundo lugar, a medida que explicas tus peripecias, la audiencia vislumbrará que los problemas de comunicación darán al traste con todo.

Al final, cuando tú desveles la revelación, ellos habrán llegado antes. Es importante que no seas tú el "destripa-historias". Si dices «la comunicación es muy importante, os contaré una historia de ejemplo...» desactivarás la historia en sí misma. Buscas que ellos lleguen a la conclusión por su propio pie.

Así consigues conectar con tu público. Descubren que piensan como tú y, por lo tanto, se entenderán contigo.

Y lo más importante, ya no defiendes tu idea.

Ahora ya es su propia idea.

Esta historia sirve para concienciar a tu equipo de la importancia de la comunicación. O para pedir presupuesto a tu jefe para mejorar las herramientas de comunicación. O para vender cursos de comunicación si te dedicas a ello.

Tómate esto como un primer ejercicio para perder el miedo. Al final del libro encontrarás un cuaderno práctico para ayudarte a construir más historias.

5. TRES PATRONES DE HISTORIA PARA USAR YA

Recomiendo este capítulo a los veloces, a los que viven bajo el yugo de la urgencia, los buscadores de atajos. Sé que os encantan las recetas exprés y las plantillas, así que os daré no uno, ni dos, sino ¡tres patrones para estructurar tu historia en cinco minutos!

Si estás en ese grupo de velocistas, seguro que miraste el índice y llegaste aquí directamente, obviando los demás capítulos.

Está bien, quizá te sirve de algo, pero no será tan fácil como para el resto de lectores más disciplinados.

Ahora que ya dispones de herramientas para escribir tus propias historias, te regalo tres patrones para interpretar la estructura según el objetivo o el contexto de la charla.

Puedes usar alguno de ellos si te encaja, o seguir la estructura básica y explotar tu creatividad con irresistibles incógnitas y excitantes peripecias.

3F: Feel, Felt & Found

La estructura 3F está concebida para provocar la empatía y suscitar la identificación entre audiencia y ponente. Cuando descubras el mecanismo te fascinará cuánto facilita construir una historia con un potencial tan grande que conectarás con tus oyentes y llevarás a la audiencia al terreno que quieras.

El tren de pensamiento simplificado al máximo sería: «sé cómo te sientes» (*feel*), «porque yo también me sentí así» (*felt*), «pero descubrí que...» (*found*).

Veámosla en unos ejemplos antes de analizar cómo implementarla.

I

Sé que te aterra incorporar una nueva persona a tu equipo por cómo pueda desajustar vuestro ritmo de trabajo.

Lo sé porque yo también estuve ligado a un equipo sólido como una roca durante años, y temblaba al pensar en cualquier cambio que amenazara con romper nuestra dinámica.

Sin embargo, cuando finalmente no tuve más salida que incorporar una persona nueva, comprendí cuánto me había perdido.

Gracias a esta savia nueva, empezamos a preguntarnos sobre cosas improductivas que llevábamos a cabo sin darnos cuenta, mejoramos la comunicación porque los «nosotros ya nos entendemos» ya no tenían cabida y, más importante, se multiplicó nuestra creatividad.

II

Posiblemente pienses que esto es innecesario para una pyme como la tuya, que este producto es para empresas más grandes. Lo imagino porque la mayoría de mis clientes pyme me dijeron lo mismo cuando les hablé de este sistema.

Pero, ¿sabes qué?

Todas las que finalmente se decidieron a probar solo se arrepienten de no dar el paso antes.

Ahora pierden menos tiempo en gestionar información, son más ágiles al dar respuesta a sus clientes y pueden invertir más tiempo y energía en innovar y crecer más competitivos incluso frente a las empresas grandes.

III

Comprendo que dudes sobre si esto del storytelling sirve para algo.

Lo entiendo porque yo también pensé al principio que se trataba solo de una moda para que el típico curso de presentaciones eficaces sonara más cool.

Sin embargo, cuando empecé a estudiar sobre el tema descubrí que el storytelling es la herramienta más potente y testada para generar atención, persuadir y sembrar tu mensaje en otras personas.

Como ves, no es nada complicado.

Estas microhistorias podrían quedarse tal y como están, como introducción, apunte sobre algún tema o forma de saltarse objeciones

Pero también está a nuestro alcance desarrollarlas y crear una historia más grande, como el inicio de este libro, que es una extensión de la tercera microhistoria.

Ya te habías dado cuenta, ¿no?

Diseccionemos las 3F para sacarles el mayor partido.

Feel, el conflicto

El conflicto de este relato está en el propio oyente. Una decisión complicada, una actitud que le refrena, dudas y resistencias. Es un sistema fenomenal para captar la atención, porque estamos hablándole a la audiencia sobre ella misma.

Cuando yo te digo «sé que te sientes así y asá, sé que piensas esto y aquello», hablo de tu tema favorito: ¡tú!

Por eso nos gusta completar los test de personalidad y las ocurrencias de los horóscopos. Nos hablan de nosotros mismos, les creamos o no.

Y consigo algo más, incluso.

Si atino qué sientes y piensas, si describo literalmente qué ronda por tu cabeza, demuestro que te conozco, que reconozco tu situación y me intereso por ti. Eso te predispone a pensar que mi mensaje está alineado contigo y tus valores, que soy la persona idónea para hablarte y a quien escuchar. Genero conexión.

Felt, las peripecias

En esta fase marco un paralelismo entre tú y tu conflicto actual con quién lo afrontó en el pasado.

¡Hey, espera!

¿Esto no es aquello que buscamos inconscientemente en las historias, ese aprendizaje que otros realizaron sobre situaciones que podrían sucederme a mí?

Efectivamente, potencio al máximo tu atracción por esta historia porque la sensación de aprendizaje va a ser instantánea.

Como cuando comentas a alguien que te hospedaste en tal hotel o comiste en tal restaurante y responde que también ha estado allí.

Quieres conocer su experiencia. Las plataformas de recomendaciones y opiniones sobre locales de Internet se basan en eso, en indagar entre las historias de personas que ya han vivido lo que tú estás a punto de vivir. Tratas de aprender de la experiencia de otros.

Ese alguien puede ser un cliente, un colaborador o incluso el mismo ponente. Es alguien con quien identificarse. Casi automáticamente, pasas a ser el personaje principal y recorres en tu mente las peripecias que vivió otra persona antes que tú.

A lo largo de estas peripecias te contaré cuanto esa persona hizo, cómo superó su antiguo miedo, qué ventajas encontró y cómo saltó obstáculos aparentemente insalvables.

No lo pintaré fácil y maravilloso, porque no sería creíble. Pero, entre tú y yo, todo tiene un precio, ¿verdad?

Found, la revelación

Obviamente, lo que ese personaje descubrió tras todas esas peripecias es la revelación de esta historia, aquello que resuelve indirectamente el conflicto inicial de dónde estás y qué te sucederá.

¿Y la moraleja? Explícita o no, se resume en "si recorres el mismo camino, llegarás al mismo destino".

Es una promesa de compra, un "si compras esto, obtendrás este beneficio", pero si simplemente te lo expreso, quedaría en tu criterio decidir si te lo crees o no.

Y, francamente, si vienes con un prejuicio en la cabeza, tu razonamiento se inclinará hacia ese recelo. No en vano, nos encanta darnos la razón.

La historia reconduce la atención del oyente hacia otro punto, sacándole de su particular tormenta de pensamientos para convertirlo en otra persona. Asimismo, una narración entra en esos entornos emocionales que facilitan tomar una decisión.

Por eso, la estructura 3F es ideal en un objetivo de venta donde habitualmente encontraremos una clara resistencia.

Ya sea en una presentación comercial, en la exposición de un proyecto o incluso en una charla de concienciación sobre ciertos valores o comportamientos, esta es una herramienta idónea para abordarla.

H-A-M: Hoy, Ayer y Mañana

Como si nos montáramos en el DeLorean de *Regreso al futuro*, en este patrón de historia saltaremos en el tiempo.

El patrón H-A-M empieza con un baño de realidad: quiénes somos, dónde estamos y qué nos ocurre.

Después, salta al pasado, al Ayer, para relatar cómo llegamos hasta Hoy.

Y finalmente vislumbramos el Mañana, el qué haremos y qué sucederá.

Como ya adelantarás, si el final (ubicado cerca de la moraleja) es el futuro, esta es una estructura insuperable para charlas acerca de una visión de futuro.

Si el objetivo es que tu presentación sirva de palanca a partir de Hoy para sumar voluntades a un proyecto de futuro, un cambio de actitud, unas nuevas líneas de actuación, o sea, motivar con la visión de futuro de la compañía, este es tu patrón narrativo.

Un rápido ejemplo de una historia que escuché hace poco:

Hoy estamos en una situación complicada. Los fondos que ahora recibimos han vuelto a disminuir drásticamente.

En los últimos años, sobrevivimos a esto, contemplamos reducciones de plantilla, reorganizamos nuestros recursos para optimizar costes y realizamos un esfuerzo colosal al aumentar nuestra carga de trabajo. Y, desgraciadamente, no será suficiente.

Comprenderemos perfectamente a quienes no quieran seguir con nosotros porque entiendan que llegaron a su límite.

A los que os quedéis, quiero que seáis conscientes de que tendremos que trabajar con más presión, que las cosas no serán fáciles y que, si hasta ahora dabais el 150 %, tendréis que subir a 200 % para que el proyecto sea sostenible.

Os lo comunico con la mayor franqueza para que decidáis con total libertad. Nos espera esto y esto necesitamos de quienes os quedéis.

Escogí precisamente este discurso para que observes cómo solemos preconcebir optimista y positivamente ese concepto de la visión de futuro. Sin embargo, el futuro puede ser mucho peor que el pasado y, si toca contarlo, hay que contarlo así. La connotación es una variable independiente de la estructura.

De nuevo, trabajamos sobre una microhistoria que podría quedarse así o componer un texto mayor si fuera necesario.

Analicemos dos maneras de desplegar esta estructura.

Aprender del pasado

Es posible que tu propósito sea analizar con ahínco el pasado para reconocer debilidades, detectar errores y reflexionar sobre ellos. Diseccionas meticulosamente los acontecimientos porque piensas que la clave está en aprender de lo ocurrido.

Así que el grueso de tu presentación arraiga en ese análisis del pasado como un mecanismo para alinear el nuevo futuro. Si este es el caso, tu estructura irá tal que así:

1. Conflicto: el Hoy. Describe una situación actual que nos empuje a tomar una decisión.

    Puede ser una situación odiosa donde todo nos va mal, y también puede gustarnos, pero nuestra ambición nos incita a ir más allá.

    El caso es que desplegamos un conflicto encima de la mesa.

2. Peripecias: el Ayer. Siempre es la parte más voluminosa de la historia, por eso la reservamos para analizar nuestro ayer. Aquí desplegaremos montones de circunstancias comprometidas, obstáculos insalvables, decisiones acertadas y desacertadas, actitudes, miedos, motivos de superación, etc. Un repertorio de capítulos que inviten a reflexionar a la audiencia sobre lo vivido, dejando migas de conocimiento por el camino.

3. Revelación: el Mañana. La cuidada reflexión con respecto a nuestro pasado deja un poso que muestra el camino hacia el futuro.

    Esa será nuestra revelación, la propuesta de un cambio, un esbozo de un mañana con las lecciones aprendidas de nuestro pasado.

Este es un enfoque constructivo para orientar a un equipo y marcar tu liderazgo mediante la evaluación.

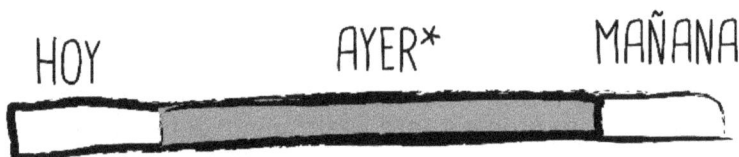

HOY   AYER*   MAÑANA

*LA EVALUACIÓN DEL AYER COMO PALANCA PARA MOTIVAR UN CAMBIO

Enfocar el futuro

A veces, solo deseas pasar página y centrar tu atención en el futuro. En ese caso, acomodemos el patrón H-A-M al esquema del *storytelling*.

1. Marco: el Hoy. Situar el grueso en el mañana nos adelanta el marco al presente.

   En este caso, diluiremos la relevancia del hoy porque buscamos un contraste entre pasado y futuro. Por eso, relegaremos el presente a una ligera descripción del escenario, cuatro datos rápidos para situarnos y encaminaremos rápidamente a la siguiente fase.

2. Conflicto: el Ayer. El pasado se convierte en nuestro verdadero conflicto. Un pasado que queremos y necesitamos cambiar, y debe quedar cristalinamente claro. No estamos para reflexionar y analizar cómo sucedió, sino para exponer una conclusión acerca de lo que ocurrió.

   Define el problema y cómo afecta al protagonista, sin entrar en detalles. Nuestra incógnita no descansa en cómo llegamos hasta aquí, sino en cómo saldremos de aquí.

3. Peripecias: el Mañana. Aquí encontraremos nuestras peripecias, acompañándonos hacia la ruta de salida. Totalmente enfocados en el futuro, expondremos las fases de ese cambio que viviremos a partir de mañana.

   Estableceremos los obstáculos que encontraremos y cómo saltarlos, la audiencia visualizará los beneficios a lo largo del camino.

Este otro enfoque de liderazgo explota la vertiente del director visionario, el que orienta a través de la motivación al cambio.

HOY   AYER   MAÑANA*

*PASAR PÁGINA PARA DESPLEGAR UNA VISIÓN DE FUTURO

Monomito

Y terminaremos con el patrón más sencillo de reconocer, también conocido como Viaje del Héroe. Es el patrón más explotado desde la que se considera cuna de la literatura occidental, *La Odisea* de Homero, donde se narra el periplo de Ulises desde que marchó hasta que regresó a Ítaca.

Joseph Campbell, en *El héroe de las mil caras*, identificó el patrón monomito, lo etiquetó y nos lo dejó mascado. Si quieres profundizar en esta arquitectura narrativa, te asombrará esta publicación.

Este tipo de historia viene a centrar la narración en el desarrollo de un aprendizaje. El héroe emprende un viaje más allá de su zona de confort porque siente la llamada de la aventura (o no le queda más remedio).

A través de un periplo por un mundo desconocido a lo largo de hasta diecisiete fases, el héroe protagonista acumula experiencias y lecciones durante su recorrido. Finalmente, regresa al lugar de origen con una recompensa relacionada con una sabiduría adquirida o una transformación personal.

No voy a entrar en detallar las diecisiete fases. Sino que simplificaré este patrón para que encaje nuestro recorrido habitual: marco, conflicto, peripecias y revelación. Y para hacerlo que recurriré a una película de las tantas que explotan este tipo de guion: *El Rey León*.

1. Marco: aquí describiremos el mundo real antes de que iniciarse la aventura.

   Es el impactante y emotivo inicio de la película, donde Rafiki presenta ante el reino al príncipe recién nacido y nuestro héroe, Simba, hijo de Mufasa.

2. Conflicto: aquí surge la llamada de la aventura. Es aquello que instiga al héroe a alejarse de su vida ordenada y explorar fuera de sus límites y rutinas.

   Simba, como cachorro de león y legítimo heredero al trono, fanfarronea de valentía. Para demostrárselo a su amiga Nala, la lleva a explorar el cementerio de elefantes, un lugar prohibido y territorio del enemigo natural de los leones, las hienas.

3. Peripecias: aquí comienzan las aventuras y los obstáculos.

    Para resumir: las hienas atacan a Simba y Nala en el cementerio de elefantes; Mufasa rescata a los cachorros y regaña al príncipe; Scar y las hienas ejecutan su plan maestro e instigan una estampida que aplasta a Mufasa; Scar culpa a Simba, quien huye al exilio en la sabana, donde conoce a Timón y Pumba; Simba aprende el significado de *Hakuna Matata* y crece lejos de su comunidad hasta que se reencuentra con Nala; Nala recuerda a Simba su responsabilidad como príncipe y este regresa para enfrentarse y derrotar a Scar.

4. Revelación: aquí recordaremos que no siempre está ligada la respuesta al conflicto, sino que se expresa mediante la recompensa o transformación realizada por el héroe durante su periplo.

    La revelación para Simba reside en deshacerse de la culpabilidad de la muerte de su padre y reconocerse como digno sucesor al trono. Así asume su responsabilidad y acepta que el ciclo de la vida continúa.

Esto puede parecerte peliculero, de poca aplicación en la vida cotidiana. Por eso quiero contarte esta historia:

Sus padres se separaron cuando él tenía dos años y el pequeño Barack solo vio a su padre una vez más durante una visita de este a EE. UU. Su madre contrajo matrimonio de nuevo con Lolo Soetoro-Ng, un ciudadano de Indonesia, lugar donde Obama pasaría varios años de su infancia.

Sin embargo, con diez años, Obama también se apartó de su madre para regresar con sus abuelos maternos a Hawái. Como si un impulso le dijera que su destino estaba allí.

Su adolescencia en Hawái estuvo marcada por una destacada trayectoria escolar y años de rebeldía

"Yonqui y colgado". Así se define el político en su juventud, durante la cual sufrió crisis de identidad por ser hijo de padre negro y madre blanca.

Lejos de quedar atrapado entre la marihuana y la cocaína, Obama abandona aquel ambiente para empezar de cero.

A esos años le siguió una selecta formación en las universidades de Columbia y Harvard, una etapa como profesor y defensor de los derechos civiles en Chicago, su elección como senador de Illinois y su desembarco en Washington en 2005.

Bautizado por algunos como "La Gran Esperanza Blanca", Obama ganó relevancia en el panorama político estadounidense durante la Convención Nacional del Partido Demócrata de 2004. «No existen unos Estados Unidos liberales y unos Estados Unidos conservadores; existen los Estados Unidos de América», dijo entonces.

Cuando la tensión llegaba a su fin, en realidad solo era el comienzo de la verdadera batalla: la presidencia de los Estados Unidos. Incansable, diseminó su promesa de cambio para un país mejor: una economía más equilibrada, unas relaciones internacionales reparadas y, sobre todo, un nivel de vida superior para los trabajadores.

Nuevamente, la lucha era complicada: John McCain, un héroe de guerra, experimentado y candidato del partido republicano era la oposición. Obama mantuvo un ritmo frenético hasta el último minuto y su mensaje caló, y hondo, entre los estadounidenses.

Cuando Barack Obama hizo pública su candidatura, lo anunció en un entorno simbólico: ante el Capitolio en Illinois y rememorando a Abraham Lincoln. Presentó su alternativa de gobierno, aprovechó su fuerza para apelar a las «esperanzas comunes y los sueños que aún permanecen vivos».

Finalmente, entró en los anales de la historia al convertirse en el primer hombre afroamericano en conseguir llegar a la Casa Blanca.

Obama alcanzó una meta que simboliza la igualdad de la sociedad negra, pero también un punto y aparte en la forma de gobernar del país más poderoso del mundo.

¿Y qué es lo que ha tocado la fibra sensible en todos los rincones del planeta? Que ese sueño de que con constancia y superación absolutamente todo es posible, el sueño americano, perdura.

La historia de Obama forma parte de sus credenciales para los electores que le alzaron a la presidencia. La historia de un Obama que se exilia de una vida programada en Indonesia para regresar a la tierra de sus mayores, los EE.UU., respondiendo a la llamada de la aventura. La narración donde un chico perdido supera con sus errores y aciertos montones de pruebas, a cada cual más difícil, hasta devolver finalmente al mundo su recompensa: la sabiduría acumulada en su propia transformación.

Será todo lo peliculero que tú quieras, pero funciona. Es un patrón extremadamente fácil de reconocer, lo llevamos en la sangre después de años y años de registrarlo inconscientemente, y nos aporta valor.

Volvamos a la presentación del iPhone de Steve Jobs. Ahí encontramos al héroe, la marca Apple, con la misión de cargarse el *statu quo* y que supera obstáculos cada vez más grandes: primero la informática, luego la música, ahora la telecomunicación.

Hemos visto que el monomito funciona en la política y los negocios. Y si me preguntas si se explota en el mundo corporativo, te diré que es el mejor y más usado para hacer piña.

Convéncete, este patrón es exportable adónde quieras.

Convierte a tu equipo (un departamento, un equipo deportivo, una empresa, un grupo de voluntarios, cualquier colectivo al que quieras dirigirte) en el héroe de la historia y cuéntales el camino que recorrieron o recorrerán.

6. UNA CHARLA ESTIMULANTE

Según a quién preguntes, algo muy importante se esconde en los detalles. Algunos te dirán que Dios, otros sostendrán que el Diablo. Yo no soy teólogo, pero sé que la cercanía definitiva a tu audiencia reside en los pormenores que otorgan veracidad al relato.

Hablamos de elementos pequeños que requieren nuestra atención para ser observados y percibidos, pero que visten mucho mejor el conjunto al que pertenecen. Son diminutas piezas de información que nos sacian incluso si nuestro cerebro no las reconoce en primer lugar.

Hasta el momento, hemos levantado los fundamentos de tu presentación. Es un proyecto grande, del cual tenemos las piezas que queremos mostrar y sabemos cómo montarlas porque conocemos los tiempos y las estrategias. Pero de la misma manera que tu casa no es totalmente tuya hasta que la decoras a tu gusto y tus amigos y familiares se hacen a ella, tu presentación necesita que tu público se sienta invitado a ella para poder disfrutarla.

La manera más efectiva de acercar a tu público lo que cuentes es acercarle lo que narras. Y para eso no hay nada mejor que los detalles.

Crea imágenes

Una cosa que suelo preguntar a los estudiantes que vienen a mis cursos es: Si te digo *elefante*, ¿qué ves en tu cabeza?

Algunos me dicen que un paquidermo grande y gris. Otros destacan que la trompa está hacia arriba. Los menos, imaginan un elefante de dibujos animados. Supongo que a ti te ocurrirá lo mismo.

Sin embargo, nadie me dice ver la palabra *elefante*.

Tú tampoco la veías, ¿verdad? Quizás ahora que hablamos de la palabra *elefante* sí la visualizas, ¿es posible?

Tu mente transforma todo en imágenes. Si te digo *elefante*, esboza un elefante. Si te digo *palabra elefante* verás las letras que conforman *elefante*. Y si te digo que, por favor, no imagines un gato encima de un piano, por mucho que te lo ruegue, ¿de qué color es tu gato?

Las cifras y las palabras son construcciones abstractas. Para nuestro cerebro, adquieren sentido cuando es capaz de traducirlas a imágenes. A esto me refería cuando te hablaba de matemáticas: cuando resuelves una operación, solo observas números en tu cabeza, y cuando resuelves un problema, contemplas objetos, personas y situaciones.

¿Qué puedes aplicar desde ya para tus presentaciones?

En la medida que tu contenido sea fácil de convertir en imágenes, facilitarás que tu audiencia lo asimile.

Seguro que, si piensas en algún profesor o divulgador que te marcara a lo largo de tu vida, recordarás que era experto en encontrar ejemplos, metáforas y analogías. Son opciones para proporcionar el contenido masticado, en lugar de ofrecerlo en abstracto y obligar al oyente a construir una imagen que le permita digerirlo.

Es aquí donde el *storytelling* te ayudará nuevamente, pues solo con construir un marco con un tiempo, un espacio y un personaje ya creas una imagen.

Así que procura que se visualice nítidamente cada peripecia y situación cuando las cuentes. En lugar de «trabajamos mucho para desarrollar una idea», di «las seis personas del equipo nos encerramos durante tres días seguidos en una sala de doce metros cuadrados y debatimos la idea hasta esta línea de desarrollo».

En vez de «entran 25 incidencias diarias de media desde logística», cuenta que «cada mañana, nada más abrir tu bandeja de entrada, caen 25 *mails* con una incidencia logística».

Este recurso también es útil cuando hables de cifras difíciles de alcanzar para una mente humana. «Extendidos, tus vasos sanguíneos medirían más de 80.000 kilómetros» y «en tu boca viven más de 7.000.000.000 millones de bacterias» son más difíciles de visualizar que «extendidos, tus vasos sanguíneos darían más de dos vueltas a la Tierra» o «encontrarías más bacterias en tu boca que personas en el planeta».

En definitiva, piensa en tu historia como si la vieras en una pantalla y luego, descríbela.

Añade sensaciones

Demos un paso más y añadamos realismo a la historia. Este truco escapa incluso a los *storytellers* más experimentados: incluye detalles que lleguen a otros sentidos a parte de la vista.

Incluye detalles sonoros y onomatopeyas: «su voz era estridente», «me asustó el ruido del golpe», «el clac-clac-clac del motor averiado», «un tenso silencio en la sala cuando espeté la pregunta», etc.

Plantéate la inclusión de rasgos olfativos: «la furgoneta olía a cuero nuevo», «la directora despedía un efluvio a Ducados que invadía cada rincón de la oficina», etc.

También te conviene incluir detalles táctiles: «un sudor frío recorrió mi espalda», «no podía sostener la taza sin quemarme», «para ser una silla de oficina estaba demasiado mullida», etc.

Estos pequeños detalles adornan tu historia otorgándole más credibilidad, pero esconden otra ventaja. La mayoría de la población es visual, prioriza y procesa antes los estímulos observables frente a los audibles o los palpables, por ejemplo. Pero también existe quien prioriza los otros tipos de estímulos. Si añades este tipo de detalles, también te acercarás a ellos.

LAS PERSONAS CINESTÉSICAS
ASIMILAN MEJOR LO QUE PUEDEN
TOCAR, PROBAR O MANIPULAR

LAS PERSONAS VISUALES
ASIMILAN MEJOR
LO QUE PUEDEN VER

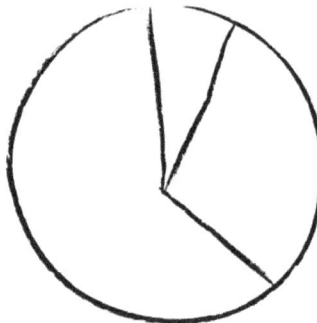

LAS PERSONAS AUDITIVAS
ASIMILAN MEJOR
LO QUE PUEDEN ESCUCHAR

Provoca emociones

Por último, es importante considerar las emociones más allá de mencionarlas como parte del relato. También debes aprovechar la potencia de la comunicación no verbal para vestir tu relato.

No puedes decir que fue el peor día de tu vida con una sonrisa o con una cara de póquer. Expresa lo que narras con inflexiones en tu voz y expresiones faciales coherentes.

A veces es complicado porque el estrés de la situación nos priva de naturalidad, pero el truco para añadir esa vivacidad a la historia es no escatimar con los diálogos.

El cuento suena distinto si, en lugar de las frases de siempre («Abuelita, abuelita, ¿por qué tus dientes son tan grandes?», «¡Para comerte mejor!»), explico que Caperucita preguntó al lobo que por qué tenía los dientes tan largos y el animal respondió que para comérsela mejor.

Así que no digas mi cliente dijo. Di las palabras que dijo tu cliente, tal y como las dijo.

Vívelo, escenifícalo —con mesura, no te pido que te pases a la actuación—, que sea más que un texto bien logrado, que tu presentación mueva a tu audiencia en la dirección que tú pretendes. Al fin y al cabo, esa es nuestra intención desde que arrancamos este libro.

7. PSEUDOHISTORIAS, CIRCUNHISTORIAS Y MICROHISTORIAS

Llevo unas cuantas páginas hablándote de la estructura de una historia y te he planteado ejemplos donde aplicamos estas estructuras, tal cual están, a una presentación.

Quizás por tu tema, quizás por el tiempo de tus presentaciones o quizás por tu capacidad de riesgo no conviene (o no hay manera) convertir tu presentación completa en una historia.

En este capítulo te presento tres modos diferentes de incorporar el *storytelling* en una presentación.

Pseudohistorias: las falsas historias

La vida de Ric Elías cambió para siempre el 15 de enero del 2009. Junto a otros 154 pasajeros, viajaban a bordo del vuelo 1549 de US Airways que amerizó sobre las aguas del río Hudson tras un despegue accidentado. En primera fila.

La excepcional pericia del piloto a los mandos de la nave (llevado al cine por Tom Hanks) y una incuestionable dosis de fortuna provocaron que el descenso se saldase sin víctimas mortales. Todos sobrevivieron a un aterrizaje forzoso en pleno estado de Nueva York, algo bastante poco probable.

Desde entonces, Ric Elías compagina su trabajo en la agencia de *marketing* Red Ventures con charlas sobre su experiencia de aquel día, como esta que ofreció para TED Talks:

«Imaginen una gran explosión cuando estás a 900 metros de altura. Imaginen un avión lleno de humo. Imaginen un motor haciendo clac, clac, clac, clac, clac, clac, clac. Suena aterrador.

Bien, yo tenía un asiento único ese día. Estaba sentado en el 1D. Era el único que podía hablar con los asistentes de vuelo, así que los miré inmediatamente y dijeron: "No hay problema. Probablemente golpeamos algunas aves". El piloto había virado el avión y no estábamos tan lejos. Se podía ver Manhattan.

Dos minutos después, tres cosas sucedieron al mismo tiempo. El piloto alineó el avión con el río Hudson (esa no es la ruta habitual) y apagó los motores.

Imaginen encontrarse en un avión en silencio. Luego [el piloto] pronunció tres palabras —las tres palabras más desapasionadas que jamás haya escuchado—. Dijo, "prepárense para el impacto". No tuve que hablar más con la asistente de vuelo, pude verlo en sus ojos: era terror; la vida terminándose.

Quiero compartir con ustedes tres cosas que aprendí sobre mí aquel día.

Aprendí que todo cambia en un instante. Tenemos esa lista de tareas para completar antes de morir, cosas que queremos llevar a cabo en vida, y pensé en toda la gente a la que quería llegar y no lo hice, todas las ofensas que quería reparar, todas las experiencias que he querido experimentar y nunca tuve.

Más tarde, mientras pensaba en eso, me golpeó una frase que reza: "Colecciono vinos malos". Porque [a partir de ahora] si el vino está listo y la persona está ahí, lo abriré. Ya no quiero aplazar nada en la vida.

Y esa urgencia, ese propósito, realmente transformó mi vida.

Lo segundo que aprendí ese día —esto es, mientras evitábamos el puente George Washington, que no fue por mucho— Pensé "¡Guau! Realmente siento un gran pesar. He vivido una buena vida. En mi humanidad y con mis errores he tratado de mejorar en todo cuanto hice".

Pero en mi humanidad también albergué mi ego. Y lamento el tiempo que desperdicié en cosas sin importancia con gente que sí importaba. Pensé en mi relación con mi esposa, con mis amigos, con la gente. Y después, a medida que meditaba sobre eso, decidí eliminar la energía negativa de mi vida. Ahora no es perfecta, pero es mucho mejor.

En dos años no he discutido con mi esposa. Me siento de maravilla. Ya no trato de tener razón, elijo ser feliz.

Lo tercero que aprendí —y esto sucede cuando tu reloj mental descuenta "15, 14, 13..." , ves el agua aproximarse, te dices "Por favor, vuela. No quiero que esto se rompa en veinte pedazos, tal como se ve en los documentales"—, mientras bajábamos, [es que] tuve una sensación como de "¡Guau! ¡Morir no da miedo!", casi como si nos preparáramos para ello toda nuestra vida. Pero fue muy triste.

No me quería ir, amo mi vida. Y esa tristeza enmarcó un único pensamiento "solo deseo una cosa: ojalá pudiera ver a mis hijos crecer".

Un mes más tarde, estaba en una actuación de mi hija —es de primero, no hay mucho talento artístico... todavía—, y sollozaba, lloraba como un niño pequeño. Y para mí, esa era toda la razón de ser del mundo.

En ese momento comprendí, al conectar esos dos puntos, que lo único que importa en mi vida es ser un gran padre. Por encima de todo, la única meta que tengo en la vida es ser un buen padre.

Se me concedió un milagro: no morir ese día. Y se me concedió otro regalo, la posibilidad de mirar el futuro y volver y vivir de otra forma.

A ustedes, que están volando hoy, los desafío a que imaginen que lo mismo les pasa en su avión (y, por favor, que no sea así) pero imaginen, ¿cómo cambiarían?

¿Qué harían, qué esperan hacer aún porque piensan que vivirán para siempre? ¿Cómo cambiarían sus relaciones y la energía negativa en ellas? Y, lo más importante, ¿están siendo los mejores padres que pueden?

Gracias.

En serio, ¿crees que este hombre contempló esos tres pensamientos, así de ordenados, en los minutos que pasó en el avión? «Cuando el piloto avisó del inminente impacto llegué a esta conclusión. Mientras evitábamos el puente, esta otra...».

Yo no lo creo.

No quiere decir que no realizara esas reflexiones, seguramente pensó en multitud de escenarios durante esos momentos, y probablemente la experiencia le encarriló a reflexionar y aprender, pero ordenó sus pensamientos en algún momento posterior.

Que aprendiera tres cosas no es casualidad. En retórica, a eso lo llamamos un tricolon.

Por una extraña razón, las trinidades (incluso antes de que el cristianismo se acogiera al Padre, Hijo y Espíritu Santo) siempre nos causan una sensación de rotundidad difícil de cuestionar. Es un secreto que funciona desde tiempos de Aristóteles hasta nuestros días: los discursos con tricolon.

Técnicamente, el tricolon es una figura del lenguaje que consiste en establecer correspondencia entre tres términos. Algunos de los más famosos son:

- o «Veni, vidi, vici».

- o Por tierra, mar y aire.

- o «Citius, altius, fortius».

- o Bueno, bonito y barato.

- o «Liberté, egalité, fraternité».

- o El bueno, el feo y el malo.

- o «Limpia, fija y da esplendor».

- o Salud, dinero y amor.

Si piensas un poco, alargarás la lista, y rápidamente, porque el tres es un número mágico que funciona. Según Roy Peter Clark, el autor de *Writing Tools: 50 Essential Strategies for Every Writer*, el tres evoca plenitud. Mucho más que el cuatro o el cinco, que nos sugieren una lista corta o abierta. El uno se asocia al poder. El dos nos induce a la comparación y el contraste.

El tres es un todo.

En realidad, Ric Elias elabora una presentación de tres conceptos. Podía introducirlos así: «Viví esta experiencia y quiero compartir tres cosas que aprendí». Sin embargo, estructura su mensaje alrededor de la historia del incidente aéreo y presenta sus tres argumentos como peripecias de una secuencia cronológica.

Por eso la llamo pseudohistoria, no pasó exactamente así, pero aprovechas la estructura y la rellenas de elementos reales.

Es una herramienta a tu disposición.

Pon por caso que quieres transmitir tres valores clave a tu equipo. Relaciónalos con tres experiencias que hayas vivido. La parte que te inventarás es que esas vivencias sucedieron el mismo día y ya acabas de concebir una historia.

¿Quieres vender un proyecto? Lista los tres puntos clave principales e invéntate una cena con un cliente. En tu historia, explica qué te comentó tu cliente como para iluminarte con tu primer punto clave. Repite los pasos con el segundo plato y con el postre. Finalmente, echa el cierre a la narración durante el camino a casa, en tu coche, dándole vueltas a las palabras de tu cliente cuando... ¡Bang! ¡La revelación! ¡La solución al conflicto!

Como ves, se trata de encajar la información, que podría listarse como elementos individuales, en una estructura del *storytelling* que suene más natural y persuasiva para tu audiencia.

Cincunhistorias: la historia como envoltura de la información

Recuerdo uno de mis cursos para una marca de automoción, donde una estudiante aplicó esta técnica en las prácticas de clase. Ella es encargada de calidad y quería comunicar al resto de plantilla la importancia de trabajar con calidad y la repercusión fundamental de su área en el negocio.

No dispongo de su presentación tal cual, porque no la grabé, pero fue algo así:

No hace ni dos semanas que quedé con una amiga de la familia. Como le había recomendado unos días antes que comprara una de nuestras furgonetas, pregunté que qué tal.

Ella, torció un poco el labio y me dijo: «bueno, ya que me preguntas, en general estoy contenta, pero tuve un problema con las gomas del portón que me decepcionó un poco...».

Se me cayó el cielo sobre las espaldas.

Recomendé a mi amiga la furgoneta, con toda la convicción de ser un producto por el que todos nosotros luchamos, y recibir esa respuesta de desaprobación fue un palo grande.

Supongo que a vosotros os pasaría lo mismo, ¿no?

Trabajáis con toda la pasión en esta marca, estáis tan seguros como yo de lo bien que trabajamos que la recomendáis con los ojos cerrados. Pero por pequeña que sea la tara, generamos una mala sensación en el cliente.

El cliente —y el cliente no alguien indeterminado, sino mi amiga, como puede ser tu cuñado o tu primo—, que compra un vehículo da el paso con mucha ilusión y esfuerzo, y no quiere conformarse con algo casi perfecto.

Desde ese día, siento que aún tengo que ser más exigente con mi trabajo. Ya sé que como responsable de calidad os parece que solo existo para buscaros las pegas (...)

A partir de aquí, se apartó de la historia para desgranar el contenido preparado sobre el departamento, sus logros y sus proyectos de futuro. También aprovechó para pedir la colaboración desde todas las áreas. O sea, una presentación estándar.

Para rematar bien la presentación, siempre cerramos la historia que iniciamos al principio. En nuestro caso de ejemplo:

(...) Necesito que todos colaboremos más con la calidad. Trabajad con calidad. No por exigencias de protocolo. Hacedlo por vosotros mismos, por la satisfacción de trabajar excelentemente. Hacedlo por no decepcionar a mi amiga, tu cuñado o tu vecino cuando le recomendéis que confíe en el vehículo que ha pasado por vuestras manos.

Llámala técnica del sándwich, técnica del rebozado o técnica «con un poco de azúcar la píldora que os dan os sabrá mejor». Yo la llamo circunhistoria porque la historia rodea y envuelve el contenido de nuestra presentación. Fácil, ¿verdad?

EMPIEZA LA HISTORIA... (PRESENTACIÓN ESTÁNDAR) ...CIERRE APELANDO A LA HISTORIA.

Microhistorias: historias reducidas para colarlas en cualquier sitio

Esta herramienta es para los más suspicaces. Aquellos que leen este libro con incredulidad y piensan que vale, que sí, pero que es imposible aplicar el *storytelling* en sus presentaciones.

Si tú eres esa persona, concédeme (o concédete) la oportunidad de considerar las microhistorias como algo útil.

Verás, una microhistoria es aquello que llamamos ejemplo, caso o anécdota. Seguro que lo has visto en muchas presentaciones totalmente previsibles y corporativas cuando, de pronto, un «por ejemplo» precede a «el otro día recibimos una llamada que...», «cuando nos ocurrió esto, hace tres años, se solucionó con...» o «si un pedido parte en malas condiciones, provocas un problema en...».

Todo esto son pequeñas historias. Algo sucede en un escenario, con unos personajes involucrados, durante un tiempo más o menos determinado. La narración de esos hechos sirve para ilustrar o demostrar un argumento o una perspectiva. Una moraleja, vaya.

Tal vez tú (sí, tú, que aún te resistes a usar el *storytelling)* aprovechas esas pequeñas historias sin saberlo. Como durante mi entrevista de trabajo de los primeros capítulos. Cuando realizamos las cosas sin reparar en ellas, es porque las ejecutamos inconscientemente, no estratégicamente, y podríamos sacarles más partido. A partir de ahora, sabes cómo perfilar esas historias para que funcionen mejor.

Te animo a que, en tus presentaciones más encorsetadas, esas donde te marcan incluso el índice —hay empresas así, qué le vas a hacer— insertes tres o cuatro microhistorias que añadan un toque personal y no renuncies enteramente al poder del *storytelling.*

8. CUADERNO PRÁCTICO: CONTAR TU HISTORIA

Ante ti se extiende la parte complicada de cualquier reto: la práctica. En cierta manera, es hora de ganarse el título de protagonista y dar luz a tu propia historia mediante las técnicas del *storytelling* que descubriste.

Ha llegado la hora de crear tu historia personal. La que puedes utilizar como comodín cuando tengas que hablar de ti. La que quieres compartir para que otros aprendan de tu experiencia.

Este cuaderno será tu fiel ayudante en esta empresa, tu Dana Scully, Sancho Panza o Chewbacca. Como tal, si sigues las próximas indicaciones y pasos que te recomienda, acabarás con la estructura de una historia que podrías contar y usar.

Por supuesto, el protagonista no siempre tiene por qué hacer caso a su secundario, pero siempre estará ahí por si necesita su orientación. Así, siempre puedes acudir a los pasos de este cuaderno, incluso cuando decidas intentar experimentar por tu cuenta. Este es un asistente fiel a los métodos que aprendimos.

Para contar con su ayuda, escribe el hilo de las frases inacabadas según las indicaciones.

De esta manera, te garantizo que solo te quedará añadir detalles menores tras el último paso. Una tarea que sucederá siempre —y muchas veces sin querer—, puesto que solo pulimos las historias que nos importan.

¡Empecemos!

Moraleja

Todo viaje comienza con un paso en una dirección, así que lo primero es definir por qué cuentas esa historia. Cuál es la moraleja, la creencia o mensaje que quieres transmitir.

Este mensaje debe ser algo de valor para ti, algo que tú crees porque la vida te ha demostrado que es así.

Con toda seguridad, vendrán a tu mente historias que viviste que sustentan esa creencia que quieres transmitir. De la historia nos preocuparemos en un momento.

Por ahora, anota aquí debajo qué te gustaría que supiera el mundo. ¿Qué crees que otros encontrarían beneficioso saber?

LA MORALEJA DE ESTA HISTORIA ES...

Marco

Busca en tu memoria aquella vivencia que te enseñó esa lección. ¿La tienes?

Visualízala detenidamente durante unos instantes, es clave para diseñar el relato de tu vivencia.

Tú ves claramente los hechos en tu mente, pero los demás necesitan un contexto donde situar los personajes y sus circunstancias y trasfondos.

Describe a grandes rasgos dónde y cuándo sucede la historia que quieres contar. Añade cualquier detalle que justifique contar la historia o por qué sucede lo que sucede. No pienses en personas: solo estamos creando el marco de tu historia, el punto de partida.

Érase una vez...

Protagonista

Ahora presentemos al protagonista, el personaje que vertebra todas las acciones o sucesos de la historia. La voz que transporta la narración.

Tú.

Componemos tu historia, tu vivencia. Si tú no estás —y la cuentas de manera despersonalizada—, no gozarás de la misma credibilidad.

Explica cómo eras antes de la vivencia, del aprendizaje. Anota lo bueno y lo malo. Recuerda que tus debilidades, tus prejuicios, tus malos hábitos o tu ignorancia son rasgos de humanidad.

YO, ERA UNA PERSONA...

Motivación

Ahora que te situamos en un lugar, en un espacio y sabemos cómo eras en aquel momento, toca hablar de tus metas.

¿Qué buscabas en aquel entonces?

No me digas que nada, porque esa meta es la que te llevó a darte cuenta de ese algo valioso del primer paso. Si no, aún seguirías en ese punto y sin historia.

Comparte tu motivación principal y objeto de deseo, tu idea de éxito en aquel momento. Aunque tus motivaciones cambien con el tiempo, fueron importantes durante la época de la historia.

EN AQUEL MOMENTO, YO QUERÍA...

Conflicto

Ahora ya podemos imaginarte. En aquel lugar y momento, sabiendo (¡o no!) quién eres y qué esperas de la vida.

Y de pronto, ¡el conflicto!

La chispa que prendió todo, la que cambió tu realidad y el marco que te rodeaba. Quizá llegaras al límite o el entorno cambió y te volteó patas arriba.

Pudo ser un drama que te colocó en una situación de riesgo, un reto que te invitó a cruzar el umbral, una pregunta trivial que no te habías planteado nunca o un abrupto contraste entre lo que tenías y lo que querías.

¿Qué acontecimiento te empujó a pasar a la acción? Suele ser una acción concreta llevada a cabo por algo o alguien.

Y DE REPENTE, UN DÍA...

Obstáculos

Ya estás en marcha. Te vemos en acción, afrontando un nuevo y complicado escenario repleto de obstáculos.

¿Qué te frena en tu carrera?

Puede ser una persona, una circunstancia del sistema al que perteneces, un entorno opresor o tus pensamientos negativos. O puede ser un poco de todo.

Anótalo. Son los elementos antagonistas y merecen la relevancia apropiada. Quizás ahora los ves lejanos y te resultan diminutos, pero en su momento eran problemas reales con dimensiones mayores.

Describe los obstáculos y retos que afrontaste, tal y como los veías en aquel momento. Hazles justicia (ni exageres, ni desprecies), pues te enseñaron algo valioso, ¿no?

NO LO TUVE NADA FÁCIL, TUVE QUE LUCHAR CONTRA...

Guías y mentores

En muchas historias existe la figura del mentor. Alguien que, con su experiencia, su sabiduría o su poder te sostiene cuanto más débil te sientes o te orienta en las etapas de confusión.

¿Tuviste ayuda en el camino? ¿Quién estuvo ahí y cómo te ayudó a seguir adelante en tu camino?

También existe la posibilidad de que esa ayuda no provenga de un quién, necesariamente, sino de un suceso externo que sirviera a tus propósitos, en lugar de obstaculizar.

Explica quién te ayudó a conseguir tu motivación u objetivo. Si en lugar de una persona es un incidente externo o una coincidencia, puedes anotarlo.

POR SUERTE, GRACIAS A...

Clímax

Y cuando ya estabas llegando, todo se vuelve más duro. Al iniciar el viaje no sabes exactamente qué ocurrirá, e imaginar la cima es solo eso, una fabulación. Hasta que no llegas, no aprecias qué es estar ahí.

Por eso los últimos pasos son los más duros e inciertos. Porque las fuerzas flaquean, el final parece escurrirse entre los dedos a pesar del empeño y los obstáculos se erigen insalvables.

Cuenta esos últimos segundos eternos antes de pasar la línea de meta, cuando todo estaba en juego y te aproximabas al final. ¿Cómo te sentías? ¿Qué pensabas? Recuerda que debes hablar de cómo superaste la prueba final, de lo que pasó dentro y fuera de tu cabeza.

ESTABA MÁS CERCA QUE NUNCA Y...

Desenlace

Llegaste al otro lado del espejo. Lograste el objetivo y sucede ese momento de perplejidad suspendida al ver que ya está, que se acabó. Que solo queda la responsabilidad de sostener el trofeo en las manos.

Describe el desenlace y comparte lo que ocurre al saborear el éxito. ¿Cómo es ese primer momento? ¿Cómo te sentiste?

Y POR FIN LO CONSEGUÍ...

Revelación

Con la distancia que otorga el tiempo, descubres que lo más valiosos de tus vivencias es qué te enseñaron. Eso es lo que quieres compartir con tu audiencia.

La verdad que has descubierto y vivido en carne propia y que encaja con los valores que quieres reforzar en tus oyentes. Esa es tu moraleja.

LO QUE APRENDÍ...

Poner a prueba el relato

Si trazaste correctamente tu historia, al acabar de escucharla deberíamos encontrarnos ante un ejemplo que refuerza el mensaje del primer paso de este capítulo-cuaderno. En otras palabras: si todo ha ido bien, nos habrás traído de nuevo a la moraleja.

La omitimos hasta el final porque quieres que tu público te acompañe a lo largo del relato para materializar el aprendizaje a través de tu experiencia.

Muchas cosas las aprendemos de nuestras vivencias. La mayoría las aprendemos a través de las experiencias de otros.

Si tu audiencia llega al mismo lugar que tú cuando vivías tu historia, si la audiencia extrae las mismas conclusiones tras sorprenderse, intrigarse e identificarse contigo en tu historia, entonces es innegable que tu historia con *storytelling* ha sido un éxito.

Pero eso solo podrás atestiguarlo cuando expongas tu presentación. Por eso, si crees que lo escrito en este cuaderno es la historia adecuada para tu moraleja, debes sacar tu historia allá afuera.

Añádele algunos detalles como los que vimos en el capítulo 6 y practícala. Échala a rodar contándosela a algunos familiares o amigos antes de la puesta de gala. Si tu audiencia de práctica resuelve la moraleja de tu historia, valora qué detalles conservar o borrar y pule tu historia hasta que la cuentes de la manera más efectiva.

* * *

«Mira, yo tengo un problema en mi vida» fue la frase con la que comencé la historia de mi vida profesional. Una plena y fascinante, repleta de presentaciones y oportunidades donde aprender y ayudar a comunicar.

Con el *storytelling* quiero que tú también empieces un nuevo ciclo en la tuya. Uno que eche a rodar con tu próxima presentación o evento en público, dirigido a una nueva forma de comunicar con el peso de milenios de efectividad.

A través de las técnicas que hemos visto en estas páginas, tienes en tu mano las claves para conseguir lo mejor de tu audiencia, sean compañeros de trabajo, superiores, potenciales clientes, otras empresas o tu equipo. No solo porque ya conoces qué patrones harán llegar mejor tu mensaje, sino porque estarás apelando a su capacidad para empatizar y su inclinación natural hacia la resolución de problemas.

Como tú, el mundo corporativo conoce el valor de las emociones y el impacto positivo de emplearlas estratégicamente para alcanzar objetivos. Cuando se aplica ese valor, nuestra capacidad para llegar se expande más allá de las fronteras de la empresa.

Por tanto, conociendo ese valor hemos descubierto la ventaja profesional en sí misma, especialmente cuando otros aún abren los ojos y tratan de aclimatarse a esa perspectiva.

Lo mejor de adentrarse en un tema tan universal como el *storytelling* es que es imposible que se agoten las ideas. Hay tantas maneras de explicar y tantas historias que las ilustran, que siempre encontrarás un referente inspirador o una nueva perspectiva para contar lo que necesitas que otros escuchen.

Después de este viaje, tienes en tus manos las herramientas necesarias para comprender los entresijos del *storytelling*. Sabes distinguir cuándo alguien lo usará como una burda etiqueta. Tienes la certeza de conocer cómo funciona y por qué, genuinamente. Sin etiquetas raras.

A fin de cuentas, hemos comprobado cómo el *storytelling* jamás pasará de moda porque si lo hiciera, lo harían los cimientos de la civilización, y con ella, nosotros. Contar historias es una práctica engranada en nuestra vida desde la infancia y narrar nuestras experiencias el principal motor de nuestras conexiones sociales.

Aunque, ahora mismo, es tu hora: aplícate el cuento.

BIBLIOGRAFÍA Y REFERENCIAS

Armageddon. De Jonathan Hensleigh y J.J. Abrams. Dir. Michael Bay. Int. Bruce Willis, Billy Bob Thornton y Ben Affleck. Touchstone Pictures. 1998. DVD.

Bailey, Eric. *Bring Your A Game.* Los Ángeles: InHouse Publishing, 2016.

Bichos: una aventura en miniatura. Dirs. John Lasseter y Andrew Stanton. Pixar Animation Studios; Walt Disney Pictures. 1998. DVD.

Bungie Studios, Ensemble Studios, 343 Industries. *Halo: Combat Evolved.* Kirkland, 15 de noviembre de 2001. Videojuegos. <https://www.halowaypoint.com/>.

Campbell, Joseph. *The Hero With A Thousand Faces.* Novato, California: New World Library, 2008.

Capitán Philips. De Billy Ray y Richard Phillips. Dir. Paul Greengrass. Int. Tom Hanks, Barkhad Abdi y Barkhad Abdirahman. Scott Rudin Productions; Michael De Luca Productions; Trigger Street. 2013. DVD.

Churchill, Winston. *La Segunda Guerra Mundial.* Madrid: La Esfera de los Libros, 2009. Libro.

Clark, R. P. *Writing tools: 50 essential strategies for every writer.* Nueva York: Brown Little, 2008.

Collins, Suzanne. *Los Juegos del Hambre.* Trad. Pilar Ramírez Tello. 3 vols. Nueva York: RBA Libros, 2008.

de Cervantes, Miguel. *El ingenioso hidalgo Don Quijote de la Mancha.* Madrid: Espasa, 2004. Libro.

Dirty Dancing. De Eleanor Bergstein. Dir. Emile Ardolino. Int. Patrick Swayze y Jennifer Grey. Great American Films Limited Partnership. 1987. VHS.

Duarte, Nancy. *Resonate: Present Visual Stories that Transform Audiences.* New Jersey: John Wiley & Sons, 2010.

Dumas, Alexandre. *Los tres mosqueteros.* Vol. 1. Madrid: Ediciones Cátedra, 2013. 2 vols. Papel.

El Mago de Oz. De Noel Langley y Florence Ryerson. Dir. Victor Fleming. Int. Judy Garland y Frank Morgan. Metro-Goldwyn-Mayer (MGM). 1939. VHS.

El Rey León. De Irene Mecchi y Jonathan Roberts. Dirs. Roger Allers y Rob Minkoff. Walt Disney Pictures. 1994. DVD.

Elías, Ric. *3 cosas que aprendí mientras mi avión se estrellaba*. Long Beach: TED Talks, Group SJR, 20 de marzo de 2011. <https://www.ted.com/talks/ric_elias>.

Expediente X. De Chris Carter. Int. David Duchovny, Gillian Anderson y Mitch Pileggi. 20th Century Fox Television. 1993. Televisión.

Goleman, Daniel. *Emotional Intelligence*. London: Bloomsbury, 2010.

—. *Emotional Intelligence, Why It Can Matter More Than IQ & Working With Emotional Intelligence*. Londres: Bloomsbury, 2004.

—. *Leadership*. Northampton: More Than Sound, 2011.

Grease. De Jim Jacobs y Warren Casey. Dir. Randall Kleiser. Int. John Travolta, Olivia Newton-John y Stockard Channing. Paramount Pictures. 1978. VHS.

Grimm, Jacob y Willhelm Grimm. *Lo mejor de los hermanos Grimm en español moderno*. Trad. Carmen Huipe. México D.F.: KidLit-O, 2015.

Homero. *Odisea*. Trad. Luis Segalà y Estalella. Madrid: Austral, 2010. Libro.

Jobs, Steve. *Introducing the iPhone*. Recop. SuperApple4ever. San Francisco: International Data Group, 2 de diciembre de 2010. Vídeo. <https://www.youtube.com/watch?v=x7qPAY9JqE4>.

La vida es bella. De Roberto Benigni. Dir. Roberto Benigni. Int. Roberto Benigni y Nicoletta Braschi. Melampo Cinematografica; Cecchi Gori Group Tiger Cinematografica. 1997. DVD.

Lee, Stan y Jack Kirby. *(The Uncanny) X-Men*. Nueva York: Marvel Comics, 1963.

Lo Imposible. De María Belón y Sergio G. Sánchez. Dir. Juan Antonio Bayona. Int. Naomi Watts, Ewan McGregor y Tom Holland. Mediaset España; Summit Entertainment. 2012. DVD.

Los Goonies. De Steven Spielberg y Chris Columbus. Dir. Richard Donner. Int. Sean Astin, Josh Brolin y Jeff Cohen. Warner Bros.; Amblin Entertainment. 1985. VHS.

Lost (Perdidos). Dirs. J. J. Abrams, Jeffrey Lieber y Damon Lindelof. Int. Jorge Garcia, Josh Holloway y Yunjin Kim.

Bad Robot; Touchstone Television; ABC Studios. 2010. Serie de Televisión.

Mandela, Nelson. *Nelson Mandela, Speeches 1990: Intensify the Struggle to Abolish Apartheid.* Ciudad del Cabo: Pathfinder Press, 1990.

—. *The Struggle Is My Life.* Houghton Estate: Pathfinder Press, 1978.

Margarita Perera Rodríguez, Laura García Sánchez. *Andy Warhol.* Madrid: Tikal-Susaeta, 2010. Libro.

Montgomery, Raymond Almiran. *Serie Elige tu propia aventura.* Trad. PROARTE. Warren: Ediciones SM, 1979 - 2008.

Robbins, Tony. *Awaken the Giant Within: How to Take Immediate Control of Your Mental, Emotional, Physical and Financial Life.* North Hollywood: Pocket Books, 2001.

Rocky Balboa. De Sylvester Stallone. Dir. Sylvester Stallone. Int. Sylvester Stallone. Metro-Goldwyn-Mayer (MGM); Columbia Pictures. 2006. DVD.

Star Wars. De George Lucas. Dir. George Lucas. Int. Harrison Ford, Carrie Fisher Mark Hamill. Lucasfilm, Twentieth Century Fox Film Corporation. 1977 - 2020.

Titanic. De James Cameron. Dir. James Cameron. Int. Leonardo DiCaprio, Kate Winslet y Billy Zane. Twentieth Century Fox Film Corporation; Paramount Pictures; Lightstorm Entertainment. 1997. DVD.

¿QUIÉN ES EL AUTOR?

Soy **Ivan Carnicero** (Barcelona, 1978), director de la **escuela de oratoria, presentaciones y comunicación en público SpeakersLab**.

Me gusta comunicar y, más aún, observar cómo los demás se comunican. He aprendido tanto observándolos, que ahora me dedico a devolver todo lo que he aprendido de ellos.

Todo cuanto he estudiado para dominar mis conocimientos y la experiencia como consultor en diversas empresas me permiten descubrir a mis estudiantes las fórmulas para conseguir resultados en sus relaciones de trabajo, sus proyectos o con sus clientes.

Después de doce años como docente, fundé SpeakersLab para probar una hipótesis: **con formación y herramientas, cualquiera puede ofrecer presentaciones de alto nivel**. Y todo el trabajo de formación, soporte y divulgación de la escuela gira entorno a esta idea.

Tengo una clara determinación: **mejorar las habilidades para hablar en público de empresas y profesionales**, ayudándoles a dar vida a sus brillantes ideas y proyectos.

Y me encanta pensar que estamos participando en la revolución de las presentaciones. Contribuyendo a que el resto del mundo disfrute de presentaciones vibrantes, de ideas agudas en boca de ponentes ingeniosos con actitudes atractivas, de ponencias que merecen un aplauso porque consiguen calar en la audiencia y cambiar sus mentes o sus vidas.

www.ingramcontent.com/pod-product-compliance
Lightning Source LLC
Chambersburg PA
CBHW060618200326
41521CB00007B/809